新疆少数民族就业结构的演变与优化研究

欧阳金琼　孙　璐　王学剑　肖云云　著

中国农业出版社
北　京

前　言

就业是民生之本，是关乎社会和谐、政治稳定和经济发展的重大问题。新疆维吾尔自治区人民政府从稳疆安疆的战略高度出发，制定了系列就业优惠政策，明确赋予了少数民族平等就业与优先就业的权利。脱贫攻坚期间实施了更为全面的就业帮扶政策，少数民族就业总量快速增长，少数民族家庭收入逐年递增，农村劳动力转移规模不断扩大，绝对贫困问题得以全面解决。但受地理区位、社会经济、历史文化、人文环境等多重因素影响，新疆少数民族就业结构的落后问题短期内并未得到根本解决，少数民族劳动力集中于农业、农村和低技能行业、职业的现象客观存在。与此同时，产业转型升级与高质量发展提高了对劳动力的质量要求，少数民族就业结构的转型将更加困难。就业结构落后直接影响了少数民族的收入与社会经济地位，容易成为族际交往与民族认同的藩篱，也容易成为影响社会稳定的不利因素。因而研究新疆少数民族就业结构转型的制约因素，探索新疆少数民族就业结构的优化路径，既是巩固脱贫攻坚成果，加快新疆社会经济发展的客观需要，又是体现共享发展理念、促进民族团结，实现新疆社会稳定与长治久安的必然要求。

本书基于新疆宏微观数据与实地调研数据，借鉴已有基础理论和相关文献，构建了项目研究的理论框架与内容框架。全书总计11章：第1章阐述了研究新疆少数民族就业与就业结构问题的理论意义与实践意义，介绍了本书的研究思路、研究方法和内容框架。第2章梳理了已有就业理论、劳动力市场理论、劳动力流动理论等基础理论及其在本书中的应用，界定了劳动力、少数民族、就业结构等相关概念，构建了研究的理论框架。第 3 章利用人口普查数据、1%人口抽样调查数据与统计年鉴数据，分析了新疆少数民族就业的产业结构、行业结构、职业结构、城乡结构和区域结构，指出了新疆少数民族就业结构相对落后的事实。第 4 章至第 9 章分别从产业结构、区域经济发展、城镇化与劳动力转移、生育政策与人口数量、语言与教育、“兵地融合”等视角，结合相关统计数据，从理论上分析了新疆少数民族就业结构相对落后的原因。第 10 章利用实地调研数据，运用多元无序 Logistic 回归和 Oaxaca-Blinder 分解法，实证检验了上述因素对少数民族就业结构的影响，并测算了各因素对就业结构的影响程度。第 11 章为全文总结，提出了优化新疆少数民族就业结构的路径选择与政策建议。

本书的主要结论有以下几点：①根据人口普查、抽样调查与实地调查结果可知，新疆少数民族就业结构的相对落后是客观存在的事实。②政府历来高度重视少数民族就业问题，也实施了系列就业优惠政策，调查结果与实证研究结果也表明，民族属性并非族际间就业结构差异的原因，即新疆劳动力市场不存在任何形式的民族歧视。③从宏观层面来看，区域经济发展不均衡、产业结构相对落后、城镇化进程缓慢等是新疆少数民族就业结构落后的主要原因。④从微观层面看，国家通用语言水平低、受教育程度相对较低、人口特别是农村人口数量增长过快、就业观念相对落后等是阻碍少数民族就业结构转型的重要因素。⑤总体来看，区域经济发展不均衡是最根本的原因，由于人口分布的民族结构与区域结构高度重合，地区差距就直接转换成了民族差距，语言、教育、人口、就业观念等方面的民族差异也与地区发展差距直接相关。

基于上述结论，本书提出如下优化路径与政策建议：①发展经济创造就业机会路径。具体措施包括：促进经济高质量发展，通过“稳增长”实现“保就业”；优先发展劳动密集型产业，促进就业结构的非农转型；实现区域协调发展，促进落后地区少数民族劳动力就业；紧抓乡村振兴契机振兴乡村产业，促进少数民族就地就近就业。顺应网络经济与数字经济发展趋势，培育与发展新就业形态等，重点是扶持少数民族人口高度集中的南疆四地州发展，缩小南北疆差距。②发展自身提升就业能力路径。具体包括普及国家通用语言，提升少数民族社会融入能力；通过教育提升人力资本，增加少数民族就业择业能力；加强职业技能培训，提升少数民族市场适应能力；加大宣传力度与示范引领，转变少数民族就业观念等。③创新制度改善就业环境路径。包括统筹计划生育政策，优化人口与劳动力结构；完善就业优惠制度，构建新时代和谐劳动关系；完善考试优惠制度，增加少数民族受教育机会；创新城镇发展模式，增强城镇吸纳人口能力；完善“兵地融合”制度，促进劳动力兵、地间的自由流动等。④政府引导提升就业服务路径。包括发挥政府财政导向作用，激发企业招工用工动力；加强政府统筹规划，构建多民族“互嵌式”就业结构；创建就业信息化服务平台，提升就业创业服务水平等。

目　录

第1章 导　论

新疆既是我国国土面积最大、毗邻国家最多、边境线最长的省份，也是连接中西亚的桥头堡、向西开放的前沿，战略地位非常重要。因而新疆的社会稳定，事关国家安全与祖国统一大局，事关全国改革发展大局。新疆共生活着56个民族，是我国民族成分最全的省份之一，少数民族就业是关乎新疆民族团结的大事。新疆少数民族就业问题的妥善解决，既是巩固脱贫攻坚成果，加快新疆社会经济发展的客观需要，又是体现共享发展理念、促进民族团结，实现新疆社会稳定的必然要求。

1.1 研究背景

（1）民族问题是涉及国家安全的重大社会问题

我国是统一多民族国家，有1亿多的少数民族人口，这一国情决定了民族问题始终是关系党和国家发展全局的重大问题，因而历届政府都给予了高度重视。改革开放以来，我国先后五次召开了中央民族工作会议，从战略全局上统一部署民族工作。1992年第一次民族工作会议，确立了民族工作的重要原则与重大战略，将民族工作的重要性提升了一个层次。1999年第二次会议，强调了加快少数民族地区社会经济发展的必要性，并对包括新疆在内的5大少数民族自治区投入各项专项资金，支持各地基础设施建设和经济发展。2005年第三次会议在民族工作指导原则六字方针即“平等、团结、互助”基础上，加入了“和谐”二字，指出建设和谐社会主义民族关系是今后民族工作的指导原则与重要任务。至2014年第四次民族工作会议前，政府颁布了系列纲领性文件①，2018年“和谐社会主义民族关系”正式写入

① 系列文件有：《关于进一步加强民族工作，加快少数民族和民族地区经济社会发展的决定》(2005)、《实施〈中华人民共和国民族区域自治法〉的若干规定》(2005)、“十一五”至“十三五”《扶持人口较少民族发展规划》《兴边富民行动规划》和《少数民族事业规划》。

宪法[①]，2021 年第五次会议提出了高质量发展的要求，更加突显了民族工作的重要性。

中国改革与发展的实践证明，党的民族工作方向是对的，解决民族问题的中国特色道路也是正确的，系列政策法规、民族理论与方针政策也发挥了重要作用。在各族人民共同努力下，我国少数民族与少数民族地区经济社会获得了很大发展，民族团结进步事业取得了巨大成就。但由于各种自然原因与社会原因，民族问题依然长期存在，这些问题不仅包括社会生活各个领域的族际差距问题，而且包括各民族特别是少数民族自身发展问题。马克思主义认为，民族是一个历史范畴，民族问题是一种社会现象。民族问题与民族的存在相伴生，只要有民族和民族差别存在，就有民族问题存在。中央民族工作会议强调：新中国成立以来，少数民族和民族地区得到了很大发展，但一些民族地区群众困难多、困难群众多，同全国一道实现全面建设小康社会的目标难度较大。上述论述不仅指出了民族问题的复杂性与长期性，民族工作的重要性与艰巨性，同时表明了政府长期对民族问题与民族工作的高度重视。特别是 20 世纪 80 年代以来，国际政治经济形势日趋复杂，国际民族冲突日趋频繁，部分国家的民族问题甚至导致了国家分裂，使得民族问题迅速成为国际热点问题。

(2) 少数民族就业问题始终是政府高度关注的民生问题

就业是民生之本，解决就业问题是当前许多国家和地区面临的头等大事，全球多数国家都制订了促进就业的相关政策。中国是世界上人口最多，劳动力数量最多的国家，就业是我国最大的民生问题，因而政府一直高度重视。党的十六大报告指出，扩大就业是改善民生的重要措施，就业问题是政府需要长期面对的艰巨任务，中央各部门与地方各级政府应不断改善就业环境，广开就业门路，增加就业机会。党的十七大报告提出了完善市场机制、加强政府引导，改变就业观念，以创业带动就业的新思路，并决定通过规范人力资源市场，健全职业教育培训制度等途径，重点解决有困难群众、“零就业”家庭以及高校毕业生就业问题。党的十八大以后，政府制订了就业优先战略和高质量就业战略，并实施了积极的就业政策。十八届五中全会提出了创新就业形态、支持灵活就业的系列主张。党的十九大报告主张继续坚持就业优

① 2018 年 3 月 11 日，第十三届全国人民代表大会第一次会议通过的宪法修正案，宪法第四条第一款规定：“国家保障各少数民族的合法的权利和利益，维护和发展各民族的平等团结互助和谐关系。”

先战略和积极就业政策，同时将解决重点人群的结构性就业矛盾作为重点工作。2018 年 7 月的中共中央政治局会议，首次提出了“六稳”方针，其中“稳就业”被置于“六稳”之首。2020 年 4 月，中共中央政治局会议首次提出“六保”工作，其中“保居民就业”同样被置于首位。2021 年颁布《“十四五”就业促进规划》，指出结构性就业矛盾将成为就业领域主要矛盾，实现充分高质量就业，是实现共同富裕的基础。正是由于政府的高度重视，在同全球罕见的新冠疫情作斗争的同时，2020 年我国仍取得了城镇新增就业 1 186 万的优异成绩。

政府对少数民族就业问题同样给予了更高的重视，《宪法》《中华人民共和国劳动法》《民族区域自治法》《就业促进法》都明确赋予了少数民族平等就业与优先就业的权利。新疆是我国五大少数民族聚居区之一，少数民族占总人口比重高达 57.76%，户籍人口比例更高。少数民族就业问题的妥善解决，更加重要。习近平总书记在第二次与第三次中央新疆工作座谈会上都强调了少数民族就业问题的重要性。在中央和对口支援省份的帮助下，近年来新疆经济取得了快速发展，除个别年份外，经济增长速度已经超过全国平均增长速度，就业岗位与就业机会也因此明显增加。

(3) 虽然政府给予了高度重视与扶持，新疆少数民族就业形势仍然严峻

时至今日，2008 年的金融危机冲击尚未完全消除，2020 年新冠疫情又席卷全球，很多国家还未彻底走出经济危机阴影。一般来说，危机往往从全球经济大幅衰退开始，然后可能由经济领域转向社会领域、政治领域乃至军事领域，最终导致社会矛盾的激化与社会秩序的混乱，由此更加加剧经济的衰退（刘鹤，2012）。经济受损后，随之而来的便是大量企业或破产或裁员，导致失业率不断攀升。凭借改革开放的东风与世界第一人口大国的人口红利，我国经济维持了 30 来年的高速发展。但伴随改革红利与人口红利的逐渐减弱，并受全球经济持续低迷影响，我国经济已由高速增长转向中低速增长，对就业的影响与冲击显而易见。

虽然新疆政府制定了系列就业优惠政策，明确赋予了少数民族平等就业与优先就业的权力，但新疆少数民族就业结构的落后短期内很难得到根本解决。新疆现有 1 220 万农村人口，占总人口的 48.13%（2020 年统计年鉴），其中多数为少数民族人口。根据目前人口生育率水平以及新疆城镇体系规划（2012—2030）至 2030 年城镇化率达到 66%～68%的目标要求，未来 10 年内至少有 500 万～600 万人口涌入城镇，平均每年需要解决数十万劳动力的就业问题。大量少数民族滞留于农村的现状表明，少数民族农村劳动力转移就业问题将是新疆政府未来需要解决的难题之一。新疆城镇少数民族就业结构问题也日趋明显，少数民族体力劳动者比例偏高，高级管理人员与专业技术人员比例偏低（吴晓刚和宋曦，2014，袁刚，2016）。在当前全球就业问题凸显，国内就业形势严峻的背景下，新疆少数民族劳动力的就业也受到较大影响。就业与就业结构问题直接影响了少数民族劳动者的收入与社会经济地位，容易成为族际交往与民族认同的藩篱，也是造成社会不稳定的重要原因之一（辜胜阻等，2014）。因此，如何促进新疆少数民族就业结构的优化转型是当前亟待解决的重要问题。

（4）高质量发展背景下新疆少数民族就业结构的转型更加困难

高质量发展是当前我国经济社会发展的主题，也是实现充分就业的源泉，但高质量发展和高质量就业同样要求高质量劳动力与之相适应。如产业转型升级是适应供给侧结构性改革和高质量发展的大势所趋，同时会顺势引致就业结构的转变。已有研究表明，产业结构的转型升级对就业结构的影响是双向的。从长期来看，随着产业结构的升级，以及消费需求升级与劳动分工细化，一些新兴产业会应运而生，如新能源、新材料、新技术、节能环保产业，同时“互联网＋”等产业的兴起，可以创造更多的就业机会，实现产业结构与就业结构的同步转型。但产业结构的升级过程本质上是资本或技术替代劳动的过程，因而会减少对低端劳动力的需求，特别是当劳动力素质跟不上产业升级步伐时，短期内就会出现较多的结构性失业与摩擦性失业，从而导致产业结构与就业结构的失衡。

新疆的产业结构远落后于全国平均水平。2020 年新疆三次产业结构之比为 14.4％：34.4％：51.2％，相较于全国三次产业结构之比 7.7％：37.8％：54.5％，第一产业比重明显偏高。而少数民族人口集中的南疆地区，产业结构更加落后。未来产业结构转型升级是大势所趋，相应要求大量劳动力从第一产业转向第二、三产业。产业转型升级对就业总量的影响究竟是增加还是减少，目前很难定论，但产业转型升级会对劳动力质量提出更高要求，并且会加剧就业市场的竞争，这一点已基本形成共识。由于就业能力较低的现实以及经济转型过程中市场化力量对就业优惠政策的弱化，新疆少数民族在就业竞争中整体处于不利地位，因而高质量发展背景下的产业升级容易导致少数民族就业边缘化，使得其就业结构的转型更加困难。

1.2 研究意义

(1)新疆少数民族就业问题的妥善解决,是实现新疆社会稳定与长治久安的重要保障

习近平总书记多次强调,处理好民族问题、做好民族工作,是关系祖国统一和边疆巩固的大事。民族问题不仅仅是民族间的关系问题,还包括各民族的自身发展问题,如果民族间出现了较大的族际差距,或自身发展出现了问题,同样会影响民族关系的和谐。于少数民族群众而言,安居乐业是爱国爱家的重要保证,"民不足而可治者,自古及今,未之尝闻"(贾谊,《论积贮疏》),就业是获得稳定收入的重要渠道之一,也是少数民族自身发展的大事。

缺乏就业机会或族裔差异太大往往容易滋生暴力和动荡,在当前世界局势变化难测,地缘政治关系多极化趋势明显,世界范围内不稳定、不确定、不平衡因素显著增多,国际民族冲突日趋频繁,新疆民族分裂主义活动时有发生的背景下,研究少数民族在经济转型过程中就业结构的演变规律、优化路径与政策保障,对于优化少数民族就业结构,增加少数民族家庭收入,提高少数民族社会地位,从而缩小民族差距,缓解民族矛盾,促进各民族和谐共享发展,最终实现边疆地区社会稳定与长治久安具有重要意义。

(2)新疆少数民族就业问题的妥善解决,是加快新疆社会经济发展,实现各民族共同繁荣的前提条件

经济发展可以带动就业,就业同样可以促进经济发展。根据凯恩斯经济学理论,GDP由有效需求决定,总需求由消费、投资与出口构成。而投资需求只是中间需求,消费需求才是最终需求,缺乏消费支撑的投资需求不但不会拉动经济,还有可能影响经济。如2008年后政府通过扩大投资规模拉动经济的做法,结果造成一定程度产能过剩与经济结构失衡。当前全球经济低迷与贸易保护主义抬头的局面,走通过大幅度扩大出口带动经济的道路也不太可能。因而只有以国内大循环为主体,依靠消费需求带动内需,或通过供给侧结构性改革创造需求才是当前拉动经济的可行方案。消费需求是收入的函数,如果收入不稳定,消费也就不稳定,要稳定人们的收入特别是预期收入首先必须稳定就业。

新疆总体收入水平偏低,2020年人均可支配收入为23 845元,其中农村人均可支配收入仅有14 056元。与同时期全国平均水平32 189元与15 204元相比,差距依然较大,少数民族人口集中的南疆地区人均可支配收入更低。城镇就业人员比例偏低，很多少数民族劳动力滞留于农村是新疆居民收入偏低的重要原因之一。2019 年全国城镇就业人员达 44 274 万人，占全部劳动力数量的 47.1%，而新疆同时期城镇就业总量为 353.32 万人，仅占全部劳动力数量的 26.56%。居民收入偏低的现状一是会影响消费需求，进而影响新疆经济的可持续发展，二是说明通过扩大就业特别是有效解决少数民族农村劳动力的转移就业，增加居民收入，加快新疆经济发展和社会进步，实现新疆各民族共同繁荣的空间与潜力很大。

(3) 新疆少数民族就业问题的妥善解决，是体现共享发展理念，发展和巩固新疆民族团结的有效途径

党的十八届五中全会提出了创新、协调、绿色、开放、共享发展理念，其中共享发展理念的基本含义是使全体人民有更多获得感，实现共同富裕与共同发展，共享发展理念也成为指导民族工作与促进民族团结的重要原则。同时，劳动权是公民的基本权利之一，即具有劳动能力的公民有权要求提供参加劳动的机会和取得相应报酬的权利。因此，通过发展经济等渠道创造更多就业机会，确保绝大多数愿意参加劳动的劳动者有稳定的工作，也是政府的责任与义务之一。

新中国成立以来，新疆经济发展取得了很大进步，少数民族生活水平有了很大提高，各民族在政治、经济、法律等各方面的平等权益得到有力保障，民族团结进步事业蓬勃发展，平等团结互助和谐的社会主义民族关系基本形成。但由于历史、地理、人文等诸多原因，新疆少数民族人口集中地区经济发展相对滞后，少数民族相对贫困问题依然突出。少数民族就业结构的相对落后与失衡，有可能带来族际间收入差距的进一步扩大，给民族团结与社会和谐稳定带来隐患。因而妥善解决新疆少数民族就业问题，是体现共享发展理念，巩固和发展新疆民族团结的有效途径。

(4) 新疆少数民族就业问题的妥善解决，是新疆巩固脱贫攻坚成果，全面推进乡村振兴的根本需求

2015 年我国掀开了打赢脱贫攻坚战的光辉篇章，制订了至 2020 年全面建成小康社会的宏伟目标。习近平总书记指出："消除贫困、改善民生、逐步实现共同富裕，是社会主义的本质要求"。新疆是历史上全国贫困程度最深的省份之一，2014 年，全区 68 个县中有 35 个属于贫困县，且有 27 个国家级深度贫困县，其中有 22 个县分布于南疆。全区总计 3 668 个贫困村、79.31 万户贫困家庭、313.18 万贫困人口等待脱贫。特别是南疆少数民族人口高度集中的四地州，是全国闻名的“三区三州”之一和14个集中连片特困区之一。2020年11月，新疆维吾尔自治区政府宣布实现所有贫困县脱贫摘帽，新疆的绝对贫困问题得到历史性解决[①]。但还有相当一部分家庭游离于贫困边缘，脱贫不稳定户、边缘易致贫户、突发严重困难户比例偏高，脱贫攻坚成果的巩固依然任重道远。

相较于社会兜底与各种补贴救助等扶贫措施，就业帮扶更具有稳定性、可持续性与长效性。就业帮贫路径既能让劳动者个人获得一份稳定的收入来源，节约了财政支出，降低了返贫的可能性，又能提高劳动者消费能力，促进地方经济发展，从而创造更多就业机会，实现增加就业与发展经济相互促进的良性循环。近年来新疆政府始终将就业视为最大的民生工程，并采取了多种措施解决少数民族等重点人群的就业问题，但由于产业结构相对落后、经济发展水平相对较低、少数民族劳动力就业能力较弱、农村劳动力总量较大等诸多因素限制，少数民族就业问题的全面解决仍然面临较大的挑战与困难。

1.3 国内外研究现状

1.3.1 就业结构问题研究

阐述就业结构的传统西方经济理论，主要有配第-克拉克定律（W. Petty，1691，C. Clark，1940）、库兹涅茨法则（S. Kuznets，1941）与钱纳里-塞尔奎因模式（H. Chenery 和 M. Syrquin，1989），其主要观点是就业结构的演变始终与产业结构的转型高度相关，在产业结构转型升级过程中，劳动力将按照三次产业的顺序依次转移。刘-拉-费模型（W. Lewis，1954，G. Ranis，1961，J. Fei，1964）、乔根森模型（D. Jogenson，1967）、托达罗模型（M. Todaro，1969），以及以巴格内（D. Bagne，1969）为代表的推拉理论和以斯塔克（O. Stark，1991）为代表的新劳动力迁移理论，也从不同角度阐述了劳动力城乡转移与就业结构转型的规律和动因。

国内有关就业结构及其影响因素的研究，主要围绕产业结构与就业结构的关系。产业结构对就业结构的影响可分为促进论、抑制论与互动论三种不同观点。促进论认为产业是就业的载体，产业结构的升级必然导致就业结构的优化，两者不存在根本性冲突（蔡昉，2009，朱劲松和刘传江，2006，袁志刚和

---

① 新华网：http：//www. xinhuanet. com/politics/2020-11/14/c_1126740465. htm。

高虹，2015，夏杰长，2016，杜传忠和杜新建，2016）。抑制论认为产业结构升级过程本质上是资本和技术替代劳动的过程，从而导致传统工业化进程创造就业的能力很低（刘世锦，2005，吴敬琏，2006）；产业升级同时要求高技能劳动力与之相适应，当劳动力素质跟不上产业升级步伐时，也会导致产业结构与就业结构失衡（卫平等，2015）。互动论认为产业结构升级与就业结构转型相互影响，相互制约（张建武，2005，方行明和韩晓娜，2013），很多学者运用 VAR、VECM 等模型对此进行了多方面实证检验（景跃军和张昀，2015，徐顽强等，2016），但就业结构的转型升级总体滞后于产业结构（朱珠，2017），不同区域之间也存在明显差异（华德亚和汤龙，2019），经济发达地区产业结构与就业结构联动效应更高（俞伯阳和丛屹，2020）。

技术进步对就业结构的影响也相当明显，由于技术进步的技能偏态特征，一般会增加高技能劳动力的需求，减少低技能劳动力的需求（姚先国等，2005，袁冬梅等，2021）。数字经济具有和技术进步同样的效应，其对就业结构的影响也是当前的研究热点问题，数字经济发展有助于优化就业结构，也能促进就业环境持续改善（戚聿东等，2020）。另有研究表明，经济全球化对就业结构产生了重要影响，一是由于参与全球垂直专业化分工，通过改变产业结构改变了国内的就业结构（程盈莹和赵素萍，2016），二是通过参与全球价值链，影响了我国高中低技能劳动力的就业结构差距（吴云霞和马野驰，2018）。

1.3.2 少数民族就业结构问题研究

国外专门研究少数民族就业结构的成果很少，已有相关研究主要集中于种族偏见或歧视，用于解释少数民族就业结构的差异性。多数学者认为，就业市场的种族歧视是一个全球性问题，因而针对种族歧视的表现形式与形成原因做了大量研究。在表现形式方面，Cohen（2001）针对美国城市就业市场的研究表明，黑人所占比重越高的地区，其遭遇的种族歧视反而越明显。Dahl 和 Krog（2018）指出，丹麦少数民族男性始终比女性遭受更大程度的歧视。Von Lockette 和 Spriggs（2016）的研究表明，城市低工资阶层的种族歧视比高工资阶层更加明显。Herda（2018）指出，美国的穆斯林不仅面临实际的就业歧视，而且还受预期歧视的影响。在形成原因方面，Tiboulet 等（2012）认为，法国的民族歧视大多源于雇主的民族认同等文化取向。Johnston 和 Lordan（2015）认为，种族偏见与经济危机有关，在经济低迷时表现得更加突出。而 Carlsson 等（2018）却指出，瑞典的就业歧视在经济低迷时反而有所减少。Johnston 和 Lordan（2015）认为就业市场上的种族偏见与歧视是不同种族劳动力相互竞争的结果，在经济危机时期表现更加突出。

国内针对少数民族就业结构的研究并没有引起太多关注，现有少量文献从社会学与民族学角度对民族分层问题开展了相应研究。劳动力市场的民族分层是指不同民族的劳动力在就业上存在部门隔离、行业隔离或职业隔离，是劳动力市场分割的一种表现形式（郑杭生，2011）。马戎（2010）认为，中国社会存在另一类"二元结构"，即汉族与少数民族之间的系统性制度化隔阂。马忠才（2014，2015）近期开始关注西部劳动力市场的民族分层问题，在对回族与汉族比较后发现，两者在就业结构上存在明显的分层。李昊（2015）认为市场化力量导致了近年来少数民族与汉族之间的就业不平衡现象持续加剧。也有学者描述了少数民族在三次产业部门间的就业结构失衡（杨宜勇等，2013）。也有研究表明，近年来少数民族就业结构已有显著改善，就业结构的族际差异正在缩小，党政机关、事业单位的就业比例已经高于汉族（邓光奇等，2020）。

1.3.3 新疆少数民族就业结构问题研究

新疆少数民族就业一直是理论界关注的焦点问题，其中少数民族与汉族就业结构的失衡同样得到了国外学者较多关注。Hannum 和 Yu Xie（1998）指出新疆一些社会地位高的职业中，基本不存在民族差异，但在制造业与农业领域，却存在明显的民族差异。Howell 和 Fan（2011）调查研究表明，由于政府主导型的汉族移民大多从事政府或企业管理工作，因而导致了乌鲁木齐市少数民族与汉族之间就业结构的失衡。多数学者认为新疆就业结构的民族失衡加剧了民族关系的紧张（Hopper 和 Webber，2009）。但上述研究的研究对象均为局部地区，所用数据均为特定时期，因而所得结论具有一定的片面性。

国内相关研究主要集中于新疆少数民族农村剩余劳动力转移问题，认为较低的文化水平（童玉芬，1999）与较低的流动意愿（涂伟和丁红艳，2014）是制约少数民族农村劳动力产业间转移的重要原因。部分学者开始关注新疆少数民族就业的职业结构问题，如马戎（2013）指出 2000—2010 年期间，新疆维吾尔族农业劳动者比例显著增加，商业服务业人员比例略有增加，其他职业的比例都在下降。也有学者注意到了新疆就业市场的民族分层现象，如吴晓刚和宋曦（2014）证实了新疆汉族和维吾尔族在就业部门上存在明显差异。但随着脱贫攻坚与就业优先战略的全面展开，政府宏观调控的作用取得了显著成效，包括少数民族大学生、少数民族农村剩余劳动力的就业问题得到了较好解决

（苏荟等，2018）。

1.3.4 文献述评

学者们针对产业结构升级对就业结构转型的影响、新疆少数民族劳动力转移等问题进行了大量研究，全国及新疆就业结构的民族差异现象也得到了少数学者的关注。这些成果为本书的研究提供了丰富的理论借鉴，但仍存在一些有待深入研究的方面：其一，现有研究对就业结构问题进行了大量研究，但忽略了少数民族就业结构的异质性特征及其独特的演变规律。如截至 2021 年 12 月 2 日，中国知网收录的 1 813 篇标题含“就业结构”的中文文献中，仅有 6 篇是关于少数民族就业结构的研究，另有几篇是关于少数民族地区就业结构的研究。其二，现有研究虽然证明了新疆就业市场民族差异的存在性与危害性，但对其产生的原因尚未深入研究，因而很容易被国外学者误解，甚至可能成为民族分裂主义势力的利用工具。如个别国外学者曾极端地指出就业结构的民族分层是导致新疆暴恐事件发生的原因（Howell，2011）。其三，现有应对措施大多置于民族问题治理的大环境之下，如继续实施民族区域自治与少数民族优惠政策（郝时远，2014），或采用所有族群享受平等权利与义务的“去政治化”模式（马戎，2004），目前尚未对新疆少数民族就业结构相对落后的治理模式及其优化路径开展系统研究。马琴（2015）虽然研究了我国民族地区就业结构的优化，但与本项目少数民族就业结构的内涵相差甚远。

本书的创新之处主要有两点。一是调研数据覆盖新疆维吾尔自治区九个地州市，避免了基于人口普查数据未能反映最新动态，或利用个别地区调研数据未能反映新疆较大地域差异的弊端。二是利用 Oaxaca 分解模型测算了各因素对就业结构族际差异的贡献率，揭示了新疆少数民族就业结构相对落后的主要原因，驳斥了部分国外学者关于新疆就业市场存在民族歧视的观点。

1.4 研究思路与总体框架

1.4.1 研究思路

第一步，通过文献梳理和问卷调查，收集必要的宏观数据，深入分析新疆少数民族就业结构的现状、演变规律与发展趋势，以及少数民族就业结构相对落后的表现形式。第二步，分别从产业结构、区域经济差距、城镇化、人口、语言、教育、兵地体制差异等角度，从理论上探寻少数民族就业结构相对落后的原因。第三步，通过实地调研获取微观数据，构建计量模型，实证检验少数民族就业结构落后的原因及其转型影响因素。在此基础之上，探索新疆少数民族就业结构的优化路径，构建新疆少数民族就业结构优化转型的政策保障体系。

1.4.2　总体框架

技术路线图见图 1－1。

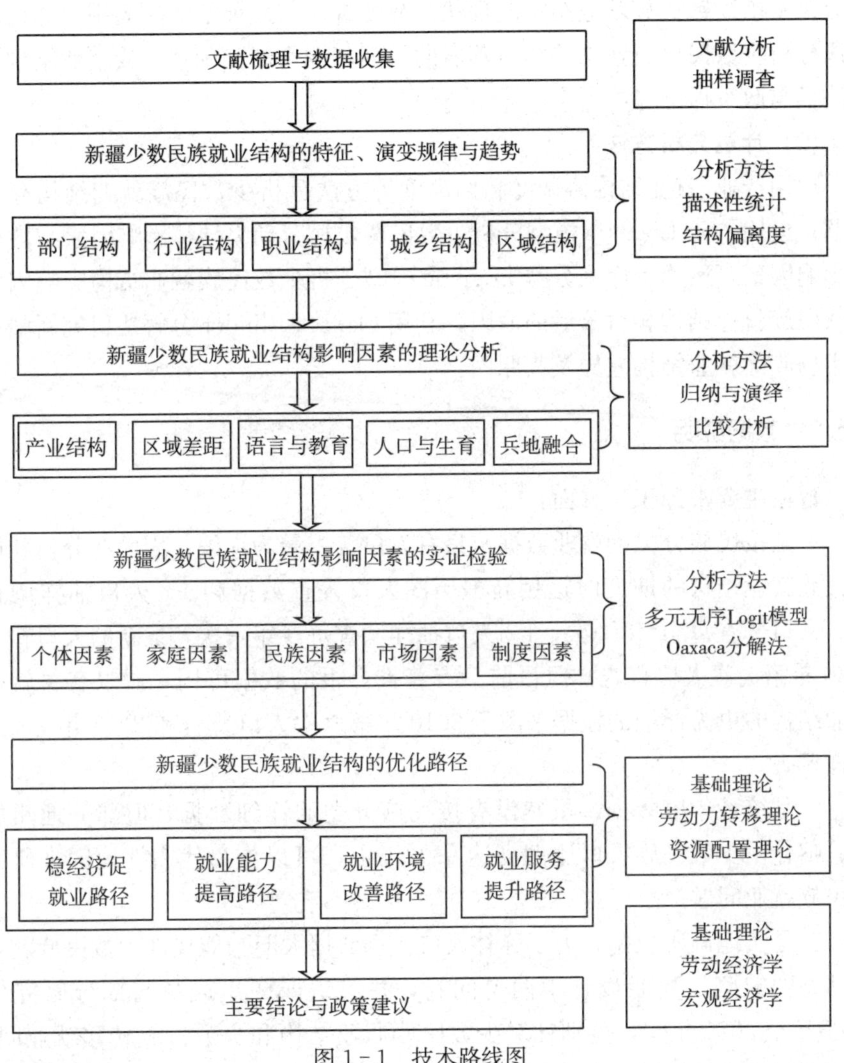

图 1－1　技术路线图

1.5 研究方法与主要内容

1.5.1 研究方法

(1) 定性分析方法

运用文献分析阐述劳动力市场均衡理论、劳动力流动理论、劳动力市场分割理论与就业理论等基础理论及其在本书中的运用，运用描述统计，比较分析法分析新疆少数民族就业结构的现状、演变规律与发展趋势，运用演绎推理等方法分析少数民族就业结构相对落后的原因，探索新疆少数民族就业结构的优化路径与政策保障。

(2) 计量分析方法

运用产业-就业结构协调度和偏离度等方法分析少数民族就业结构存在的问题，运用二元 Logistic 模型分析少数民族农村劳动力转移影响因素与转移意愿影响因素，运用无序多分类 Logistic 模型分析少数民族就业结构影响因素与少数民族就业结构相对落后的原因，利用 Oaxaca-Blinder 分解法研究新疆劳动力市场族际就业结构差异及其原因。

1.5.2 数据说明

数据主要来源于三方面：

一是按民族分类的就业数据，只有人口普查最为详细，因而在分析新疆少数民族就业结构的演变时运用新疆历次人口普查数据和 1%人口抽样调查数据。人口普查每 10 年一次，1%人口抽样调查每 5 年一次，最新的人口普查为 2020 年第七次人口普查，但目前只有普查公报的数据可用，所以有关就业与就业结构的更为详细的数据来源于 2010 年第六次人口普查和 2015 年 1%人口抽样调查。

二是统计年鉴数据，虽然没有按民族分类的详细数据，但部分地州如和田、喀什，少数民族人口比例高达 95%以上，可以作为代表性地区来研究少数民族就业问题。

三是实地调研数据，为了弥补人口普查数据太旧未能反映少数民族就业最新动态的缺陷，我们设计了两份问卷，并组织课题组成员与部分研究生于 2018 年至 2021 年间，分别针对少数民族职业结构和少数民族转移就业问题，进行了多次实地调研，总计获得了 2 875 份有效问卷，利用问卷数据与计量方法对理论分析进行实证检验，探寻少数民族就业结构的影响因素。

1.5.3 研究内容

（1）新疆少数民族就业结构的演变规律与趋势

利用人口普查、1%人口抽样调查与统计年鉴资料，了解新疆劳动力数量、劳动力质量、劳动力就业的现状、特征与演变趋势，分析新疆少数民族就业的产业结构、行业结构、职业结构、城乡结构、区域结构的现状与特征，探索其动态演变规律与发展趋势。

（2）新疆少数民族就业结构落后原因及转型影响因素：理论分析

分别从产业结构转型升级、区域经济发展差距、劳动力转移与城镇化、计划生育政策与人口、语言政策与教育、“兵地融合”等角度，运用经济学、语言学、民族学、人口学等学科的基础理论，从理论上阐述新疆少数民族就业结构的落后原因及转型影响因素。

（3）新疆少数民族就业结构落后原因及转型影响因素：实证检验

经济发展水平、产业结构、计生政策与就业政策等宏观环境，语言文化、民俗习惯、宗教信仰等民族因素，就业观念、受教育程度等个体特征，家庭收入、父母职业等家庭因素等都是影响少数民族就业结构不可忽略的变量。将这些变量纳入计量模型，运用实地调研数据，研究其与就业结构的理论与数量关系，厘清就业结构转型的主要影响因素，为探寻新疆少数民族就业结构的优化路径奠定基础。

（4）新疆少数民族就业结构的优化路径

新疆少数民族就业结构的优化是一个涉及社会、政治、经济、文化的复杂系统工程，针对少数民族结构相对落后问题，本书主要从发展经济创造就业机会、发展自身提升就业能力、创新制度改善就业环境、政府引导提升就业服务等方面，探索新疆少数民族就业结构的优化路径。

（5）新疆少数民族就业结构优化的政策制度保障

根据新疆少数民族就业结构落后的原因，提出相关政策建议。主要包括四个方面：一是实现经济充分与均衡发展，增加就业总量优化就业结构的政策建议；二是提升少数民族劳动力就业能力与市场适应能力的政策建议；三是改革与创新少数民族就业优惠等各类制度，构建新时代和谐劳动关系的政策建议；四是充分发挥政府作用，创造和谐共享的就业环境的政策建议。

第2章　基础理论与研究框架

就业问题历来是各国政府重点关注的问题，也是学术界长期探讨与研究的话题。少数民族就业问题涉及社会政治经济各领域，与人口、人文、历史、地理、市场、制度等因素密切相关，相对更为复杂。为确保本书上升到一定理论高度与学术高度，有必要系统梳理就业理论、市场理论、民族理论等基础理论和相关文献，从而将后续研究置于一定的理论框架之内。

2.1　就业理论

就业理论历来与经济学理论融为一体，对就业问题的研究几乎贯穿于整个经济学发展史，因而就业理论实际上是经济学理论中有关就业问题的论述。现代经济学理论经历了以古典、新古典、凯恩斯、新古典综合为主流经济学的几个主要发展阶段，其中经济学学派林立，经济学大师辈出，就业理论也因此非常丰富。

2.1.1　西方古典就业理论

英国早期古典经济学代表人物威廉·配第最早提出劳动价值论，认为劳动是财富的源泉，劳动力数量的多少是影响一个国家贫富的重要因素。亚当·斯密的分工理论对解决就业问题的指导意义至今犹在，分工的深化会直接创造就业机会。李嘉图的劳动价值论第一次指出，决定商品价值的劳动力是社会必要劳动而非个别劳动，他同时提出了剩余劳动力理论，指出社会上存在两种剩余劳动力。一是部门剩余劳动力，如农业部门的剩余劳动力，由于农业生产吸纳能力的有限性，导致这部分剩余劳动力只能从农业部门以外寻求就业机会。二是全社会剩余劳动力，主要是由于投资不足、机器替代造成全社会的劳动力总需求不足[①]。而西斯蒙第则强调消费先于生产，只有促进消费才

① 李嘉图．政治经济学及赋税原理［M］．北京：商务印书馆，1976：337.

能促进就业[①]。

自由经济思想是自亚当·斯密以来古典经济学与新古典经济学的主要思想，认为市场就像一架可以自由调节的机器，通过"无形的手"可以自动实现供需平衡。如著名的萨伊定律，指出供给本身就可以创造需求。劳动力市场也是一样，只要竞争充分，工资可变，就不会出现劳动力过剩即失业问题。这一思想在马歇尔的均衡工资理论里得到了充分体现，他认为单个劳动力的供给取决于消费者的总效用，而总效用又取决于工资所能购买消费品的效用和劳动力的机会成本即闲暇的效用，劳动的供给量与工资成正向变动关系，与闲暇效用成反向变动关系。雇佣单位对劳动的需求取决于所雇佣劳动力的边际生产力与该单位愿意支付的工资水平，与工资成反向变动关系，与边际生产力成同向变动关系。整个社会的劳动供给量是所有单个劳动者劳动供给量的总和，整个社会的劳动需求量是所有雇佣单位的劳动需求量总和。当劳动力需求与劳动力供给相等时，就实现了劳动力市场的均衡，此时的工资水平称为均衡工资。在假设社会整体技术水平不变的前提下，劳动力的边际生产力不变，均衡工资处于相对不变状态，一旦发生偏离，市场自发作用的结果又会促使其回到均衡状态，因而就业水平也会处于相对均衡状态。

但上述理论都是建立在完全竞争的假设基础之上，事实上，市场并非完全竞争，存在一定程度的垄断。罗宾逊、张伯伦等人研究了劳动力市场的垄断现象，只要存在劳动力市场上的买方垄断或商品市场上的卖方垄断，工资水平就会低于完全竞争市场条件下的均衡工资，从而导致一部分人不愿意工作。阿尔弗里德·韦伯、庇古、希克斯等人从劳动供给角度研究了垄断问题，认为由于工会的存在，工资不再由市场单一决定，而是由工会与资本家的谈判力量决定。杨小凯指出，失业与分工程度有关，在一个没有分工或完全分工的社会里，不会存在失业，但实际的经济发展长期处于从分工不发达到完全分工演变的过程，因而失业就会普遍存在[②]。

2.1.2　凯恩斯主义就业理论

发生在20世纪二三十年代的第一次世界性经济危机，动摇了古典经济学自由经济理论。凯恩斯从边际消费倾向递减、资本的边际报酬递减与货币灵活

① 西斯蒙第．政治经济学新原理［M］．北京：商务印书馆，1997：214.

② 杨小凯，经济学：新兴古典经济学与新古典经济学。

偏好三个假设出发，阐述了其有效需求不足理论。认为就业水平取决于均衡的GDP水平，由于经济的周期性波动与有效需求不足，失业不可避免。就业问题的解决，则可以通过需求管理来实现，即采用扩张性的财政政策或扩张性的货币政策刺激总需求。

凯恩斯之后，主要有三大流派继承与发展了凯恩斯经济学，形成了较为系统的凯恩斯主义经济学。即以保罗·萨缪尔森为代表的新古典综合学派，以琼·罗宾逊、皮埃罗·斯拉法、尼古拉斯·卡尔多等人为代表的新剑桥学派，和以斯坦利·费希尔、埃德蒙·费尔普斯、约翰·泰勒等人为代表的新凯恩斯主义，其中新古典综合学派将古典的微观经济学原理与凯恩斯的宏观经济学结合，最终成为当代主流经济学。这三大学派虽然在某些主张方面存在一定差异，如历史上新剑桥学派与新古典综合学派曾经针锋相对，但总体继承了凯恩斯国家干预主义思想。认为由于工资刚性即工资易涨不易跌等原因，市场不可能自动实现充分就业，但可以通过政府宏观调控有效解决就业问题。其中影响较大的理论有菲利普斯曲线，即一条分别以失业率和货币工资率为横轴与纵轴向右下方倾斜的曲线。原因是货币工资增长率上升是劳动力过度需求的结果，劳动力的过度需求则会导致失业率下降。后来萨缪尔森和索罗（1960）在《达到并维持稳定的价格水平问题：反通货膨胀政策的分析》一文中，将货币工资增长率与失业率之间的反向关系演变为通货膨胀率与失业率之间的反向关系[①]。

2.1.3 新自由主义就业理论

20世纪70年代由于石油危机等原因导致了“滞胀”现象，即经济低迷与通货膨胀并存现象，凯恩斯主义的需求管理思想受到了质疑。因为在凯恩斯主义者看来，经济的低迷可以用扩张性经济政策来解决，而通货膨胀只有在经济过热时才出现，一旦出现，则可以用紧缩性经济政策来解决。当经济低迷与通货膨胀同时存在时，凯恩斯主义的政策便不再有效。于是反对凯恩斯国家干预主义的各种流派纷纷出现，这些流派因为重新崇尚自由经济而被统称为新自由主义，包括以哈耶克等为代表的伦敦学派、以弗里德曼等为代表的货币学派、以卢卡斯等为代表的理性预期学派、以布坎南等为代表的公共选择学派和以拉弗等为代表的供给学派等。

① 萨缪尔森，索罗，达到并维持稳定的价格水平问题：反通货膨胀政策的分析，1960。

新自由主义提出了与凯恩斯主义不同的观点，认为凯恩斯的国家干预对促进就业是无效的。比如针对菲利普斯曲线，新货币主义的代表人物菲尔普斯（1967）与费里德曼（1968）认为短期内由于存在预期通货膨胀与实际通货膨胀的偏差，所以有可能导致失业率发生变化，出现失业率与通货膨胀率之间的替代现象，但长期内并不存在这种关系。如图 2-1，横坐标为失业率 μ，纵坐标为通货膨胀率 π。短期内，假设由于政府的扩张政策导致总需求增加，通货膨胀率从 0 上升到 2%，由于短期内人们并没有预期到通货膨胀，通货膨胀导致实际货币工资下降，劳动需求增加，失业率从 5%下降到了 3%。表明通货膨胀率上升导致了失业率下降，两者存在替代关系，从图形上表现为从 A 点移动到 B 点，即存在短期的菲利普斯曲线 SPC_1。如果通货膨胀长期维持在 2%的水平，人们就会形成与实际通货膨胀率相等的预期，要求名义工资水平相应上涨 2%，企业又面对同样的工资成本，从而对劳动的需求又会回到失业率为 5%的 C 点。新的一轮扩张政策又有可能使经济从 C 点到 D 点然后到 E 点，因此长期内就形成了一条垂直的菲利普斯曲线 LPC。理性预期学派甚至认为，菲利普斯曲线在短期内也是垂直的，垂直的菲利普斯曲线表明扩张性经济政策对促进就业是无效的。

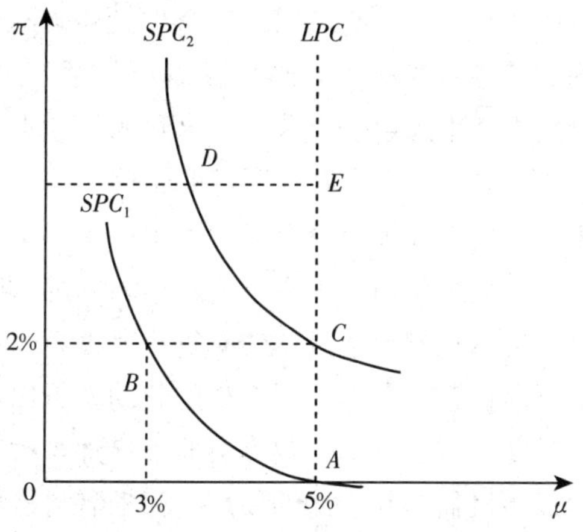

图 2-1　长期与短期菲利普期曲线

2.1.4　马克思主义就业理论

马克思的就业理论是建立在社会主义计划经济理论基础之上的，主要有以下几个方面的思想。一是认为在社会主义公有制条件下，劳动力资源实行有计划的调配，劳动者享有天然的和充分的就业权，私人劳动全部转化为社会劳动，就业活动的性质也由谋生劳动转化为自由劳动。他指出“雇佣劳动，也像奴隶劳动和农奴劳动一样，只是一种暂时的和低级的劳动，它注定要让位于带着兴奋与愉快心情自愿进行的联合劳动”[①]。二是认为失业只有在资本主义社

① 邓仁娥．马克思恩格斯选集：第 2 卷［M］．北京：人民出版社，1995：605.

会里才有，在其所设想的社会主义社会不可能有。“劳动按社会需要进行分配，调节着各种劳动职能同各种需要的适当比例”①。由于劳动由计划统一分配，自然不会出现由于供求失衡导致的长期失业问题。尽管这一结论被后来的许多社会主义国家的实践证明并非正确，但他对资本主义社会失业现象的解释，即相对过剩人口理论至今仍有一定借鉴意义。

马克思认为，资本主义社会的失业即过剩人口首先是资本积累的必然产物，资本积累导致资本的有机构成提高，可变资本比例逐渐缩小，不变资本比例逐渐扩张，资本家用更少的劳动就可以实现同样多的利润。特别是在经济危机时期，过剩劳动力数量会显著增加，大多企业应对危机最为直接的方法则是增加新机器与新方法的使用，劳动者再次面临更大的失业风险。当然，马克思也注意到了资本扩张的同时也会创造一部分就业岗位，但他认为这种扩张的力量要小于劳动力需求减少的力量。并且由于资本的边际报酬递减规律，资本的本性不允许过低的利润率，所以一部分生产必然出现停滞，因而资本积累的最终结果会导致资本过剩，资本过剩必然导致人口的过剩，使得本来应雇佣于这些资本的劳动者也随之成为相对过剩人口（卢云峰，2013）。由此可见，马克思将失业现象看作是资本主义制度的必然产物，要消除失业，只有彻底消灭资本主义制度才能实现。

马克思的就业理论是建立在科学的劳动价值论与辩证唯物主义的基础之上的，特别是对失业问题的研究，具有严格的逻辑性与深刻的历史性。社会主义市场经济与资本主义市场经济虽然有着本质的不同，但在形式上又有众多相似之处，因而用马克思就业理论指导社会主义市场经济条件下的就业问题是完全可能的。

当然，同人类历史上一切伟大的学说一样，马克思就业理论也不可避免地有其历史局限性，而且随着社会实践的发展，这种历史局限性日益凸显。一是对资本主义制度的自我调整能力估计不足，资本主义过渡到垄断阶段以后，特别是政府干预与市场规律的结合，一定程度上缓解了失业问题对资本主义制度的冲击。二是马克思所言的失业会在社会主义退出历史舞台的预言并没有如其所愿地实现。在马克思就业理论指导下，苏联政府曾经宣布彻底消除了失业，但历史已经证明，这种依靠计划实现的“充分就业”只是一种表面现象，掩盖了大量隐性失业存在的事实。特别是当大量社会主义国家转向市场经济后，这

① 马克思．资本论［M］．北京：人民出版社，1975：96．

种隐性的失业就转向了明面。

新中国成立后，各届领导人丰富与发展了马克思主义就业理论，并将其运用于中国实践，成功解决了中国不同发展阶段的就业问题。毛泽东遵循马克思主义的基本立场与观点，提出了“统筹兼顾、适当安排”的就业指导思想，解决了新中国成立初期的失业问题，巩固了社会主义制度。邓小平创造性地发展了马克思主义就业理论，承认社会主义同样存在失业问题，并对统包统配的传统就业模式进行了反思与纠正，对就业问题的长期性和严重性进行正确定位。江泽民提出了就业是民生之本①的重要论断，并就如何处理发展经济、调整结构、深化改革、城乡协调发展、社会保障建设与扩大就业等五大关系提出了系列论断。习近平新时代中国特色社会主义理论继承与发展了就业是最大的民生等重要思想，并根据新时代社会主要矛盾的转化与经济新常态等客观现象，制订与实施了就业优先战略和积极就业政策，在扩大就业规模的同时更加注重就业质量的提高。

2.1.5　就业理论在本书中的运用

理论来源于实践，反过来可以指导实践。传统的西方就业理论建立在市场经济理论的基础之上，在解释宏观就业与失业问题时具有一定的科学性，少数民族的就业首先得遵从市场经济和就业理论的普适性规律。西方古典就业理论与新自由主义就业理论告诉我们，劳动力的需求与经济发展水平息息相关，因而解决新疆少数民族就业问题的根本途径在于发展经济，创造更多就业机会。凯恩斯主义就业理论认为，劳动力市场与商品市场一样，不会自动实现市场均衡，因而新疆少数民族就业问题的解决需要政府宏观引导与调控。马克思主义就业理论指出就业是民生之本，就业问题不仅是经济问题、社会问题，同时还是政治问题。因而，新疆少数民族就业问题的解决，需要从维护新疆社会稳定与长治久安的战略高度出发，理应受到社会各界高度重视。

当然，任何理论都有其适用边界与适用期限，波普尔的证伪主义、库恩范式理论以及拉卡托斯的科学研究纲领方法论，都论证了理论的相对科学性与时效性，表明没有放之四海都正确的理论，作为经济理论重要组成部分的就业理论也是如此。这些理论用于指导新疆就业问题时的局限性主要体现在两个方

① 江泽民．江泽民文选：第 3 卷［M］．北京：人民出版社，2006：552.

面，一是不同群体的异质性差异对就业理论提出了新的要求，有关不同群体的就业理论有待完善和补充。新疆少数民族劳动力群体不仅在语言、教育、就业观念等个体属性上存在较大差异，同时受人文、地理、历史和经济发展等外部环境影响，其就业结构的转型具有独特的演变规律，就业问题的解决路径也具有相对特殊性。二是西方多数就业理论仅将就业问题看作是一个纯粹的经济问题，忽视了就业问题的复杂性。新疆少数民族就业问题的妥善解决，涉及社会、政治、经济、法律等各个领域，需要统一谋划与统筹规划。

2.2 劳动力市场理论

2.2.1 西方劳动力市场均衡理论

自 19 世纪英国杰文斯、奥地利门格尔、法国瓦尔拉斯将边际理论引入经济学后，市场均衡理论逐渐成为新古典微观经济学的核心理论。新古典经济学理论认为，劳动力市场与商品市场一样，均衡的工资水平由劳动力供给与需求两个因素决定。社会的劳动供给量是所有单个劳动者的劳动时间总和，单个劳动力供给由劳动者的效用最大化决定，取决于劳动者将有限的时间在工作与闲暇之间的分配比例。劳动时间与工资成正比，与闲暇效用成反比。劳动力需求由生产者的利润最大化决定，与劳动力的边际生产力成正比，与工资水平成反比。因而在一个完全竞争的市场里，通过工资对劳动力供给与需求的调节，劳动力市场会自动实现均衡。

当然，完全竞争市场只是一个理想市场，影响劳动力供需的因素很多，既存在劳动力供给方面的垄断因素，如工会的存在，也存在劳动力需求方面的垄断因素，如企业的垄断。各种非市场因素相互作用，使得劳动力的供需变得相当复杂。现代经济学理论认为，劳动力需求总量与经济发展水平和就业弹性有关，在其他条件（如技术）都不变的条件下，经济总量增长越快，对劳动力的需求总量就越多，就业弹性越大，创造同样多的 GDP 就需要越多的劳动力。而就业弹性的高低又取决于技术进步、产业结构、劳动力质量等，因而影响劳动力供需关系的因素更为复杂。

2.2.2 西方劳动力市场分割理论

市场均衡理论仅考虑了劳动力供需数量上的均衡，忽略了劳动力质量的异质性特征及制度等非市场因素的影响，因而不能很好地解释日益明显的收入差距及就业歧视现象。因此，20 世纪 50 年代以后，劳动力市场分割现象得到了广泛的研究。劳动力市场分割的明显特征是市场上存在许多限制劳动力流动的非市场因素，劳动力市场被分割成几个差异化的市场，劳动力很难在不同市场之间自由流动。这些市场在就业制度、保障制度、工资决定机制、升迁制度以及劳动生产效率、劳动者待遇等各方面都存在明显差异。

内部劳动力市场理论是劳动力市场分割理论的重要代表之一，内部市场指的是存在于企业内部的劳动力市场，这一思想最早由穆勒（1885）等人提出，但使其真正成为系统理论的是在林格和皮奥里出版了《内部劳动力市场与人力分析》这一著作（1971）之后。该理论认为，企业外部劳动力市场通过竞争来配置，符合市场均衡理论。但企业内部的劳动力通过企业管理者进行配置，企业内部在配置劳动力时边际生产力因素就不再那么重要。由于信息的不完全与不对称，企业在更换劳动力时会存在较高的机会成本，因而企业不可能也不愿意频繁地更换劳动力。该理论还指出，市场普遍存在两类劳动力市场，主要劳动力市场工资高、工作稳定、晋升机会多、发展空间大，而次要劳动力市场则相反。

随后很多知名学者对劳动力市场分割现象的产生原因进行了研究，如职位竞争理论（Thurow 和 Lucas，1972）或职业分割理论（Stolzenberg，1974）、隐性契约模型（Baily，1974）、延迟支付激励模型（Becker 和 Stigler，1974）、讨价还价模型（Williamson，1975）、特殊人力资本积累模型（Becker、1975）、稳定性模型（Salop，1976）、锦标赛激励模型（Lazear 和 Rosen，1981，Shapiro 和 Stiglitz，1984）、效率工资激励模型（Levine，1992）等，这些理论从不同角度阐述了内部劳动力市场产生的原因及其存在的合理性，并普遍认为制度因素是形成劳动力市场分割的主要原因。

除了存在企业内外部劳动力市场分割之外，现有劳动力市场分割理论已经涉及各个领域，其中代表性的理论有产业分割理论（O'Conner，1973）、地区分割理论（Freedman 和 Buchele，1976）、工作链分割理论（Thurow，1975）、企业分割理论（Baron 和 Bielby，1980）等。也有很多学者将不同行业与职业归类为某一劳动力子市场（Stanek 和 Ramos，2012，Lehmann 和 Pignatti，2018）。

2.2.3　国内劳动力市场问题研究

国内关于劳动力市场问题的研究始于改革开放以后，但由于中国的市场化改革时间不长，因而很难形成系统的劳动力市场理论。1992 年党的十四大正式确立市场经济体制改革目标后，理论界对劳动力市场培育的研究日益重视，早期有傅喜国（1992，1994）、冯兰瑞（1993）、尹世杰（1993，1994）等学者对建立与培育劳动力市场的必要性、可行性进行了论证。由于户籍制度等因素的长期制约，中国劳动力的市场化改革进程远远落后于商品的市场化改革进程，因而关于劳动力市场培育与转型的研究至今还是理论界的热点问题。其中北京师范大学赖德胜教授在理论界影响较大，赖德胜教授等在连续10年的报告中分别对就业质量、教育扩张、收入差距、残疾人就业、工作时间、劳动力市场转型、人力资本提升与就业结构的空间结构变化等问题进行了深入研究，其中部分研究成果也指出了我国劳动力市场分割现象的存在①。

理论界普遍认为，我国是劳动力市场分割现象最为严重的国家之一，因而这方面的研究成果也相当丰富。其中多数成果集中于城乡分割与产业分割领域，蔡昉（1998，2000）指出我国普遍存在的二元劳动力市场结构导致了劳动力资源配置扭曲，从而严重降低了经济绩效的增长。事实上，城镇公有制行政事业单位的劳动力市场至今对农村劳动力还是相对封闭的，由于城乡户籍差异带来的城乡工资差距也依然存在（钟若愚和屈沙，2019）。不同所有制部门间劳动力市场分割现象也得到广泛研究（聂胜，2004，陈萍和李平，2012，代谦和田相辉，2012），另有研究表明，我国不仅存在城乡劳动力市场分割，而且城镇内部也存在各种形式的市场分割（严善平，2006，Sylvie Démurger，2008，钱雪亚等，2009，胡凤霞和姚先国，2011）。同时劳动力市场极化现象明显，就业岗位创造能力也存在异质化特征，南北差距逐渐扩大，就业数量与就业结构的空间差异性日趋显著（赖德胜，2020）。虽然中国劳动力主要和次要市场并存的二元分割状态并未得到根本改变（单爽，2021），但总体上呈现整合态势（刘劭睿等，2021）。

2.2.4 劳动力市场理论在本书中的运用

西方市场均衡理论建立在完全竞争等系列假设前提下，当现实的经济环境近似符合特定的假设条件时，市场力量会自动实现劳动力资源的优化配置。但现实经济现象也非常复杂，影响劳动力就业的非市场因素也很多，因而市场均衡理论适用范围相对有限。由于户籍制度、档案管理等因素的长期制约，我国

① 赖德胜教授主编的《中国劳动力市场发展报告》自2001年始已连续出版10年。

劳动力市场的分割现象反而是客观存在的事实，这也是很多学者的共识性结论。市场分割理论的启示表明，由于人文、历史、地理、民俗等差异的存在，以及区域发展不平衡带来的劳动力市场的地区差异，导致新疆劳动力市场的族际差异客观存在。少数民族就业结构的相对落后是劳动力市场分割现象的表现形式之一，也是发展不充分不平衡的表现形式之一，实属正常现象，无须讳疾忌医。关键是弄清少数民族就业结构的落后原因，对症下药，制订有效的就业政策，缓解或消除劳动力市场的分割，形成规范统一的劳动力就业市场，最终促进新疆少数民族就业结构的转型升级。

2.3　劳动力流动理论

2.3.1　西方劳动力流动理论

就业结构的变动与优化是通过劳动力流动来实现的，一般习惯于将劳动力在地域间的流动称为转移，在不同部门、不同行业、不同职业间的流动称为配置。不管是哪种类型的流动，都会带来劳动力配置结构即就业结构的变化。国内外的劳动力流动理论已相当丰富，主要集中在城乡转移与产业转移。早期理论当属“配第-克拉克定理”，威廉·配第在其《政治算术》（1691）中，最早预见了工业化国家劳动力由第一产业向二、三产业转移的趋势，李斯特（1840）同样预测了劳动力由农业向工业、商业转移的规律，很多年后，科林·克拉克（1940）系统阐述了这一原理。目前最具代表性的劳动力流动理论当属发展经济学中的刘-拉-费模型（1954，1961，1964）、乔根森模型（1967）、托达罗模型（1969），这些理论从不同角度阐述了劳动力流动的动因，并由此认为通过劳动力自由流动与市场再配置，二元经济最终会转化为一元经济，劳动力资源的配置也会由城乡分割逐渐走向城乡统一。

以巴格内（1969）为代表的推拉理论认为，影响劳动力转移的因素不仅有城乡间的收入差异与劳动生产率差异，还有流入地的拉力与流出地的推力。流入地的拉力包括较高的经济水平，较舒适的工作环境，较多的发展机会，先进的医疗设施，完善的社会保障制度；而较低的生活水平，艰苦的生活环境，落后的思想观念，较少的就业机会，或社会地位的不平等都有可能形成劳动力转移的推力。以斯塔克（1991）为代表的新劳动力迁移理论，将注意力转移至家庭等微观领域，强调了劳动力是否转移取决于家庭效用的最大化或风险最小化，与之相联系的其他社会群体也会对其产生重要影响。对迁移者家庭来说，部分成员务工保证了资本与收入的多元化而降低了家庭风险（Stark and Levhari，1982）。斯塔克（1988）提出的相对剥夺模型指出，迁移者家庭所处的经济地位即周围群体的收入与生活标准也会对其决策产生影响，与周围群体的收入差距越大，其剥夺感越强，从而更加激发该家庭的迁移动机。由此可见，与古典和新古典劳动力流动理论不同，新劳动力迁移理论融入了更多非经济因素。

2.3.2 国内劳动力流动理论

自20世纪90年代至2010年前，中国城乡间劳动力流动规模持续扩大，但城乡收入差距也持续扩大，直到党的十八大政府实施了系列“三农”政策后，城乡收入差距才开始缩小。因而刘易斯的二元经济理论解释不了中国的实际情况，甚至有人指出“刘易斯拐点”是个伪概念（徐祥临，2010），对发展中国家来说是“刘易斯陷阱”（雷海章，1998）。且中国劳动力的流动大多是短期“候鸟式”流动，进城与返乡交替出现。乔根森、托达罗的城乡预期收入差距模型与一次性迁移决策对此同样缺乏解释力。新时期脱贫攻坚与乡村振兴等战略的实施，以及城市生活成本的提高，使我国出现了一种双向的推拉力，即不仅存在乡村对劳动力的推力与城市对劳动力的拉力，同时出现了乡村对劳动力的拉力与城市对劳动力的推力的反向作用力（欧阳金琼，2015），巴格内的推拉理论也因此变得过于简单。

中国农村劳动力转移问题举世瞩目，国内学者对我国农村劳动力的转移动因进行了广泛深入研究，形成了许多共识性结论，如农村劳动力转移可以优化劳动力配置、提高劳动生产率（黄祖辉，1992；程名望，2006；袁志刚，2006；蔡昉，2008）。《关于推进农村改革发展若干重大问题的决定》（2008）、《关于进一步推进户籍制度改革的意见》（2014）等系列改革文件的颁布，加速推进了城乡一体化进程，劳动力城乡间流动更加自由便利。与此同时，区域间和省际劳动力流动规模也不断扩大，东部沿海地区的大规模的人口集聚和中西部省份持续的劳动力流出，对迁入地与迁出地社会经济发展产生了异质性影响（程名望和刘金典，2020），剩余劳动力输出理论上可以缩小输出地与输入地生活水平差距，但由于存在“资本追逐劳动”现象，因而并不能缩小地区经济差距（许召元和李善同，2008）。劳动力的省际流动提高了配置效率，但只有市场机制在资源配置中逐渐发挥主导作用或当劳动力资源转向相对短缺时，劳动力省际配置效率才有显著提高（欧阳金琼，2016），且流动性强弱不同，劳动力配置效率红利也不同（王婷等，2020）。另外，劳动力产业间、所有制间流动及职业间配置变动也得到了广泛研究（马草原等，2017；常进雄和赵海涛，2016）。

2.3.3 劳动力流动理论在本书中的运用

劳动力流动理论表明，就业结构的转型是建立在劳动力流动的基础之上，包括从农业转向非农业，从农村转移至城市，从欠发达地区转向发达地区，从传统产业转向新兴产业等，上述理论不仅在本书研究中具有重要参考价值，同时对指导新疆少数民族就业工作具有重要借鉴作用。新疆少数民族就业问题集中表现在两个方面，一是少数民族人口集中地区与经济欠发达地区高度融合。二是农村劳动力和从事农业的劳动力数量庞大。虽然近年来自治区政府给予了高度关注，但农业劳动力剩余现象依然明显（王兆萍和冯莉，2019），转移就业工作依然任重道远。因而促进新疆少数民族劳动力的城乡转移与区域间转移，是优化其就业结构的必由之路。但影响与制约新疆少数民族劳动力转移的因素要复杂得多，除了西方劳动力流动理论提及的社会经济因素，以及国内劳动力流动理论提及的制度等因素外，还受民族习惯、就业观念、历史地理等多重因素影响。

2.4 新疆少数民族就业结构的内涵

2.4.1 劳动力与就业的内涵

与劳动力数量有关的概念有劳动年龄人口、劳动力资源、经济活动人口与就业人口等（图 2-2）。劳动年龄人口包括所有达到法定劳动年龄的人口总数，但各国的法定劳动力年龄并不一样。国际通用做法是 15～64 岁，我国是 16 岁至法定退休年龄，现行规定为男 16～60 岁，女 16～55 岁，事实上，工人的退休年龄还可提前 5 年。新时期我国延期退休政策与试点工作正在紧锣密鼓地推进，未来法定退休年龄有可能逐步延长。本书除非特别说明，所用数据都为 15～64 岁的国际通用做法，微观调研对象也是 15～64 岁劳动年龄人口。

劳动力资源是劳动年龄人口中具有劳动能力的人口总数，即扣除残疾人、精神病人、重病病人后的劳动年龄人口。经济活动人口是指正在工作或愿意工作的劳动力资源，即不包括劳动力资源中的在校学生、军人以及部分家庭妇女等，分为就业人口和失业人口两部分。就业的含义是指在法定年龄内有劳动能力和劳动愿望的劳动者为获取报酬或经营收入进行的活动。各概念之间的关系如图 2-2。

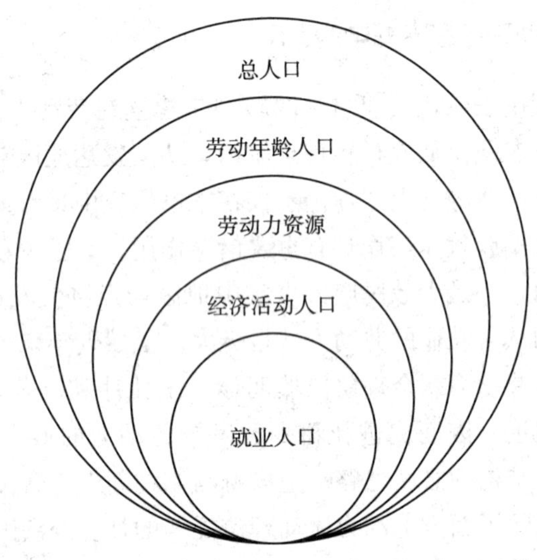

图 2-2　劳动力相关概念关系图

2.4.2　就业结构的属性与构成

狭义的就业含义是受雇于某种工作，即达到劳动年龄、有劳动能力的公民依法参加劳动并获得收入与报酬的社会活动。但是在现实生活中，存在大量的非雇佣情况，如个体户、企业老板及其他很多自由职业者，他们都在从事于某些具体工作，我们不能说他们没有工作或处于失业状态。同时，随着互联网技术与数字经济的快速发展，以去雇佣化的平台经济为主体的新就业形态蓬勃发展，从事新就业形态的劳动者数量快速增长。因而本书中就业范围同样包括“创业者”“灵活就业人员”和从事各种“新就业形态”的就业者，即为政府关注的宏观意义上的就业。

就业结构一般是指劳动力资源在国民经济各部门、各行业、各职业、各地区、各领域的分布、构成和联系。少数民族的就业结构是以少数民族作为研究对象，研究少数民族劳动力在国民经济各部门、各行业、各职业、各地区、各领域的分布。因此本书中少数民族就业结构，是指就业的部门（产业）结构、行业结构、职业结构、区域结构、城乡结构等。同时包括少数民族劳动力在就业与未就业之间的分布比例，以及少数民族劳动力在新疆兵团与新疆地方间的分布结构。

2.4.3 少数民族的属性与构成

少数民族是指多民族国家中除主体民族以外的民族，在中华人民共和国，除主体民族汉族以外的其余55个法定民族均是少数民族。本书也沿用上述概念，在利用人口普查等宏观数据时，少数民族是指除汉族以外的55个少数民族[①]，在进行微观计量分析时，选取人数较多的维吾尔族、哈萨克族、回族、蒙古族、柯尔克孜族这五个少数民族作为主要研究对象。

2.4.4 就业结构失衡（落后）的属性与表现

就业结构失衡可以从平衡的反面来定义。马戎（2013）指出，在一个多民族的社会，如果各族群的成员通过自己努力，实现个人奋斗目标或改善自我境遇的机会大致相同，此时说明社会实现了族际间的平衡与平等。比如凭借努力学习进入一流大学的机会，凭借个人能力找到称心工作并获得晋升的机会，通过拼搏获得相应收入并享有相应社会地位的机会等。同时，作为少数民族的优秀成员比例也不低于主流群体，他们不仅能够实现个人理想，也因此为本民族其他成员做出表率，鼓励其他成员努力向上，提高其对国家和主流社会的认同程度，从而可以保障和谐的族群关系和稳定的社会关系。

就业结构的族际平衡是族际平等的一种表现形式，也是实现其他平等的前提，具体表现为各民族劳动力在不同产业、行业和职业分布比例上的基本平衡以及收入上的基本平衡。就业结构的落后具有相对性，少数民族就业结构的落后一是表现为就业结构转型的滞后性，二是表现为与社会平均水平相比或与社会主体民族相比，从事低端产业、低收入职业的比例明显偏高。

2.5 理论逻辑与研究框架

本书的主要目标是揭示新疆少数民族就业结构的演变规律，厘清少数民族

① 我国有56个民族，13个世居民族，其中维吾尔族人口最多，汉族、哈萨克族、回族、柯尔克孜族、蒙古族、锡伯族、塔吉克族、乌孜别克族、满族、达斡尔族、俄罗斯族、塔塔尔族等12个民族在新疆居住的历史较长，人数也较多。

就业结构相对落后的主要原因，探寻就业结构的优化路径与转型模式，为政府制订就业政策与民族政策提供理论依据。其中，揭示就业结构的发展现状与演变规律是基础，厘清就业结构的落后原因是关键，探寻就业结构的优化路径是重点。

新疆少数民族就业结构相对落后的原因可分为内部原因与外部原因，内部因素主要包括各民族在语言、教育、文化、习俗、就业观念等方面的差异。外部因素主要是指经济发展水平、产业结构、城镇化水平，以及族际生育政策差异等。当然，就业总量与就业结构首先与经济发展水平直接相关。新疆地域广阔，受历史、地理和自然条件等因素影响，各地州之间的经济发展存在较大差异。总体来说，北疆好于南疆。地区差距本来是正常的社会经济现象，是当前我国发展不平衡不充分的表现形式之一，经济发展的空间差异也是当今世界经济的一个突出特征（陆铭，2011）。但由于新疆人口分布的地域性与民族性高度重合，使得原本中性的地区差距上升为事关民族团结和社会稳定的族际差异（李豫新，2017）。

根据2020年新疆统计年鉴数据，国土面积占全疆65%、人口数量占全疆51.9%的南疆五地州，GDP总量仅占全疆29.89%。且与北疆相比，产业结构相当落后。北疆三次产业结构为10.03%：35.59%：54.37%，南疆三次产业结构为21.06%：32.92%：46.02%，南疆第一产业比例明显偏高，第三产业比例明显偏低。南疆产业结构的落后严重影响了农业劳动力的非农转移和就业结构的转型。而南疆是少数民族人口集中地区，少数民族人口比例高达84.53%。特别是南疆四地州（喀什、和田、阿克苏、克州），经济发展水平与产业结构更加落后，而少数民族人口比重高达91.64%，且农村人口比例为75.56%，城镇化水平也较低。这种人口分布的地域性与民族性高度重合，即经济落后地区同时也是少数民族人口高度集中地区的现状，使得区域间的经济发展、产业结构、收入水平、就业结构、就业数量等差距直接转换为族际间的差距，这是新疆少数民族就业结构相对落后的主要原因。

基于以上分析，在探讨新疆少数民族就业结构的落后原因时，首先考察地区发展差距对就业结构的影响，同时在研究产业结构、城镇化、人口数量与结构、语言与教育等因素对就业结构的影响时，始终紧扣地区差距这一主线，即重点考察上述因素的地区差异对就业结构的影响。同时在未能获取第七次人口普查数据前，为避免数据过于陈旧未能反映最新动态，有时以少数民族人口高度集中地区作为代表，利用各地区的统计年鉴数据，研究少数民族的就业现状与就业问题，最后结合微观调研数据对研究结论进行验证，图 2－3 为少数民族就业影响因素的逻辑关系。

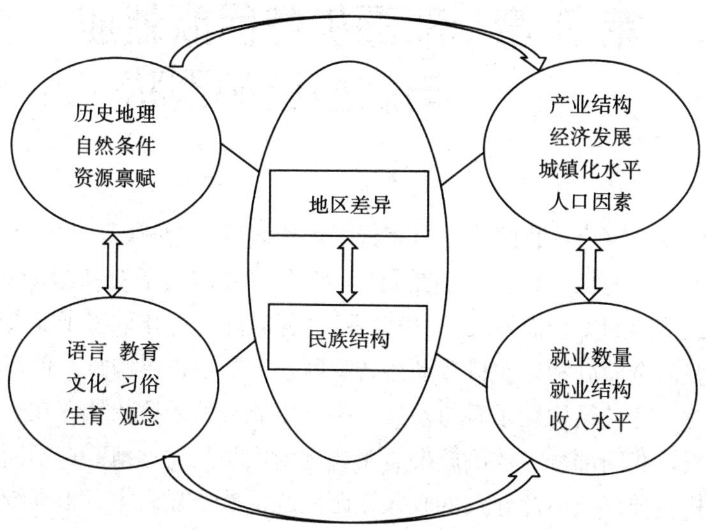

图 2－3　少数民族就业影响因素的逻辑关系

第 3 章　新疆少数民族就业与就业结构现状

新中国成立以后，我国建立与完善了民族区域自治制度，赋予了新疆等少数民族地区更大的自治权。特别是近 10 年来中央加大了对新疆的援建力度，新疆社会经济得到了全面发展，“稳就业”“保就业”工作取得了显著成绩，伴随脱贫攻坚的全面胜利，农村劳动力转移就业人数也持续增长。但新疆在快速发展的同时，各种结构性矛盾与发展不平衡不充分的矛盾依然存在。由于历史等多重原因，我国部分少数民族聚居于边远地区与欠发达地区，不同民族之间的就业结构差异以及由此导致的收入差距问题依然凸显。本章根据统计年鉴与人口普查数据，分析了少数民族人口与劳动力在产业间、行业间、职业间、城乡间和地区间的分布现状和演变规律，探讨了少数民族就业结构的落后表现与负面效应。

3.1　新疆就业现状与就业政策实施效果

3.1.1　依托经济快速发展，就业总量稳步增加

自 2010 年以来，中央连续召开了三次新疆工作座谈会，新疆社会稳定红利逐渐显现，经济发展形势持续向好。GDP 总量从 2010 年的 5 360.18 亿元增加至 2020 年的 13 797.58 亿元，年均增长 9.92%，按可比价格计算年均增长率达 8.16%，远高于同时期全国 6.86%的平均水平。

受益于经济快速增长，新疆就业总量也稳步增加，从 2010 年的 894.65 万人增长至 2020 年的 1 376.23 万人，年均增长 4.40%，远高于同期 1.71%的年均人口增长速度。2020 年受新冠疫情影响，虽然经济增长速度放缓，但由于政府实施了积极的就业政策，就业总量仍然增长了 46 万人（图 3-1）。

3.1.2　依托积极就业政策，就业环境逐渐改善

根据全面建设小康社会的目标任务以及提高就业质量、增加居民收入的要

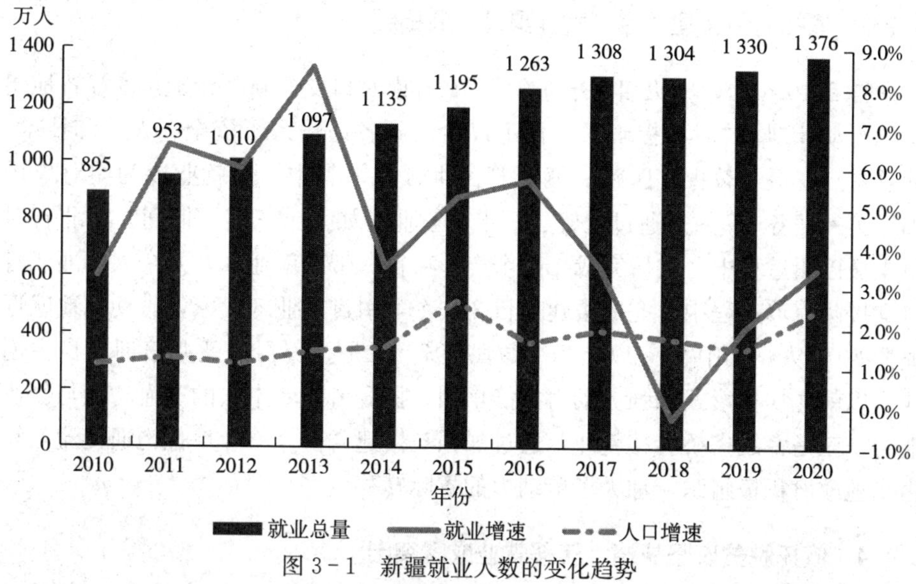

图3-1　新疆就业人数的变化趋势

求，新疆维吾尔自治区政府始终坚持就业第一的原则，实施了系列积极的就业政策。一是颁布了系列促进就业的政策文件①，新疆“十四五”规划也突显了“稳就业”和“保就业”的重要性，就业环境逐渐改善，就业形势持续向好。二是通过连续多年开展“春风行动”“公共就业服务专项活动”等系列活动，召开各类招聘会，组织各种形式的劳务输出，促进了劳动力供需双方的有效衔接。三是构建了“新疆公共就业服务网”等信息化就业服务平台，并将网络平台覆盖至城乡各单位，提升了公共就业服务的信息化水平。四是加大职业技能培训力度与相应的奖补政策，劳动力质量得到整体提升。五是实施系列就业优惠政策，并向少数民族劳动力倾斜。2019年新疆人力资源和社会保障厅公布的就业创业政策清单中，包括就业创业培训补贴、社会保险补贴、基层就业补贴、创业补贴、贷款贴息和税收优惠等总计十四项就业创业扶持政策。

---

①　系列政策有：《关于进一步促进就业创业工作的意见》（新党发〔2015〕3号）；《关于进一步做好新形势下就业创业工作的实施意见》（新政发〔2016〕85号）；《关于做好当前和今后一段时期就业创业工作的实施意见》（新政发〔2017〕129号）；《关于切实做好城乡富余劳动力有组织转移就业政策保障工作的通知》（新财社〔2017〕75号）；《关于做好当前和今后一个时期促进就业工作的实施意见》（新政发〔2018〕102号）；《关于印发新疆维吾尔自治区职业技能提升行动实施方案（2019—2021年）》（新政办发〔2019〕84号）；《关于支持和促进重点群体创业就业有关税收政策的通知》（新财法税〔2019〕15号）；《关于做好2019年自治区高校毕业生“三支一扶”计划实施工作的通知》（新人社函〔2019〕159号）；《关于进一步做好创业担保贷款工作的通知》（新人社函〔2019〕164号）。

3.1.3 依托对口援建项目，就业渠道不断拓展

自2010年始，中央启动了东中部19省市对口支援新疆特别是南疆各地州市的行动计划，“对口援疆”工作不仅给新疆各地输入了资金、人才和技术，而且重点支援了教育、医疗、就业等民生领域，其中，促就业成为“对口援疆”第一任务①。一是通过投资建厂带动就业，如“十三五”期间，河北省对口支援巴州过程中，先后完成150个产业项目，带动就业3.8万余人。浙江对口支援阿克苏过程中，完成援建项目329个，引进企业621家，带动就地就近就业20万人，其中90%以上为少数民族②。二是投资帮扶就业培训和自主创业，以就业扶贫形式加强劳动力技能培训，提升劳动者本人的造血功能与创业能力。三是牵线搭桥转移就业，通过加强与援建省份企事业单位沟通交流，经由当地政府积极组织，加大了劳动力的省际转移。

3.1.4 依托脱贫攻坚战略，转移就业成就突出

自2015年吹响脱贫攻坚号角后，新疆累计转移就业1 600多万人次，其中多数为南疆少数民族农村剩余劳动力。各地政府根据脱贫攻坚任务要求与当地实际情况，制订了形式多样的就业扶贫措施。喀什地区塔什库尔干塔吉克自治县地处祖国西部边陲，具有“一县邻三国、两口通两亚”的地理特征，该县利用护边员政策，组建了一支主要由贫困家庭劳动力组成的护边员队伍，护边员年收入31 200元，实现了一人就业全家脱贫。喀什地区巴楚县通过乡村产业和跨区域转移等方式，自2014年以来，累计实现6.85万人次稳定就业，且转移就业人数逐年递增，2019年转移就业突破2.49万人次③。阿克苏地区利用棉纺织业优势，加强产教融合，推动职业院校与纺织服装企业联合模式，2017年至2019年带动3.24万人就业。和田地区2019年发放创业担保贷款9.1亿元，帮助大学生、农村劳动力、就业困难群体1.25万人实现了创业。

3.1.5 依托就业优惠政策，少数民族受益明显

针对部分少数民族集中于经济落后地区，少数民族就业相对困难的现状，

---

① 人民网：http：//edu.people.com.cn/n/2014/0909/c1006-25622639.html.

② 人民网：http：//zj.people.com.cn/n2/2021/0428/c186327-34699670.html.

③ 数据来源：项目负责人2019年带队参加各贫困县退出评估和2021年乡村振兴绩效评估工作时获取。

新疆政府制订了系列少数民族就业优惠政策。少数民族除了能够享受各民族普适的就业优惠政策外，还能享受其他优惠政策。系列民族优惠政策的实施，为维护少数民族劳动者权益，促进少数民族就业提供了坚实的制度保障。如根据最新政策，南疆四地州少数民族高校毕业生，被当地各类企业招用后 2 年内，可享受相当于当地月最低工资标准三倍的一次性岗位补贴。符合条件的“三支一扶”高校毕业生，其他地方按每人每年 3 万元标准补助，而南疆四地州按每人每年 4 万元标准给予补助。另外，新疆籍大学生到企业就业的，可享受最长 3 年的基本养老保险、基本医疗保险和失业保险费补贴，需由用人单位缴纳的部分也由政府补贴。

3.2　新疆劳动力的民族结构及其演变

3.2.1　劳动力数量的民族结构

分民族的劳动年龄人口只有历次人口普查数据才有。由于第七次人口普查的详细数据尚未公布，图 3－2 是根据“六普”数据，按劳动年龄人口（15～64 岁）统计的各民族劳动力数量及其变动情况。劳动力数量的民族结构与人口的民族结构类似，2010 年按规模排序依次为维吾尔族、汉族、哈萨克族、回族、柯尔克孜族和蒙古族。但各民族的劳动力比重与同时期人口比重并不同步，如 2010 年汉族劳动力比重与人口比重分别为 42.98％和 38.45％，维吾尔族分别为 43.41％和 46.99％，哈萨克族分别为 6.41％和 6.98％，汉族劳动力比重高于人口比重的原因是迁入人口中劳动年龄人口较多。

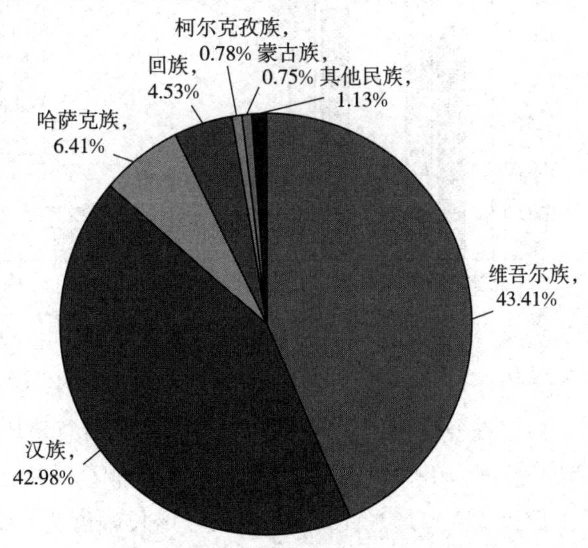

图 3－2　新疆劳动力数量的民族结构（2010 年）

也可以用最近年份人口的民族结构近似考察劳动力的民族结构，根据 2020 年第七次人口普查公报初步统计数据，全区常住人口总量为 2 585.23 万人，其中汉族人口为 1 092.01 万人，占比

42.24%，少数民族人口总量1 493.22万人，占比57.76%。少数民族人口中维吾尔族人口为1 162.43万人，占比44.96%，其他少数民族人口为33.08万人，占比12.80%。另外，全部人口中处于15～59岁的劳动力人数占比66.26%。

3.2.2 劳动力增速的民族结构

从变动趋势来看（图3-3），呈现出以下几个特征：①劳动力占总人口的比重有了较大变化，2010年劳动力数量占总人口的比例为73.07%，相较2000年67.94%提升了5.13%，表明该时期人口结构趋向年轻化，人口红利优势非常明显。②各民族劳动力增长速度与人口增长速度一样，存在较大的族际差异。自2000年至2010年，少数民族劳动力数量增长速度为30.87%，快于汉族的21.92%。其中维吾尔族增长速度最快，达到33.40%，蒙古族增长速度最慢，仅为12.45%。③各民族劳动力数量占总人口的比重也存在差异，如2000年汉族劳动力数量占总人口比例为77.50%，远高于同时期其他民族，主要原因是该时期大量的汉族移民提升了劳动力比重。

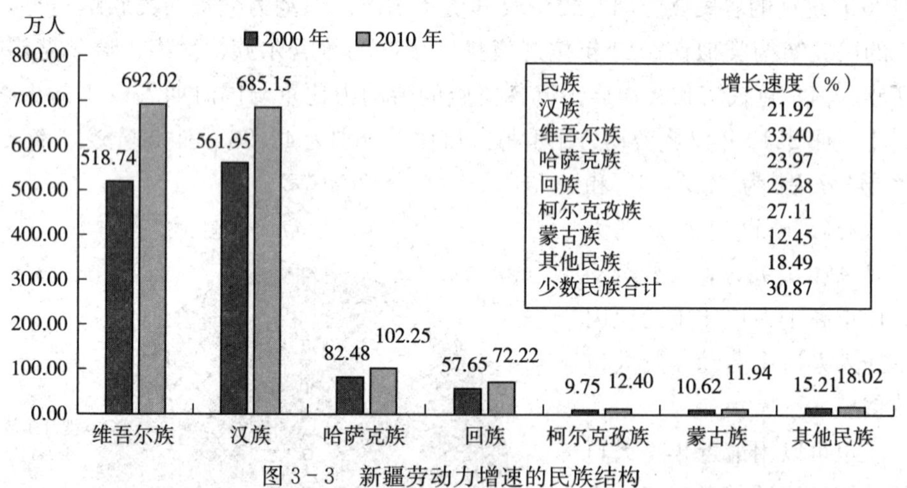

图3-3 新疆劳动力增速的民族结构

同样可以用最近10年的人口变动趋势来估计劳动力的变动趋势。第七次人口普查公报数据显示，2020年新疆人口总量比2010年增加了403.90万人，增长幅度为18.52%。其中汉族人口增加了209.01万人，增长幅度为31.21%。少数民族人口增加186.51万人，增长幅度为14.27%，少数民族中维吾尔族人口增加了162.3万人，增长幅度为16.2%。其他少数民族只增长了24.21

万人，增长幅度为7.93%。

3.3　新疆就业结构的演变与族际比较

3.3.1　产业分布结构与族际比较

图3-4反映的是2000年至2019年新疆劳动力的产业分布结构。静态来看，2019年劳动力在三次产业间分布比例为36.42∶14.08∶49.50，第一产业就业比重明显偏高，且远高于同时期第一产业产值比重，表明新疆农业劳动力转移空间相对较大。动态来看，劳动力在三次产业间的分布结构变动较为缓慢，第一产业就业比重缓慢降低，第二产业就业比重基本没有变化，长期在14%左右徘徊，第三产业就业比重缓慢提高。

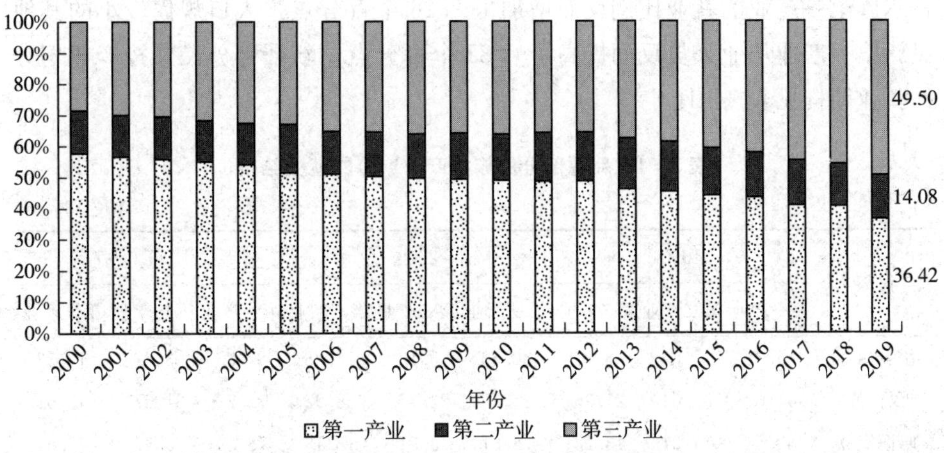

图3-4　新疆劳动力的产业分布结构

分民族的产业分布结构数据也只有历次人口普查才有，表3-1是根据第四次、第五次和第六次人口普查数据整理而得。根据2010年人口普查数据，可以看出各民族就业的产业分布结构存在很大差异。①受产业结构相对落后影响，2010年新疆就业结构总体相对落后，61.31%的劳动力集中在第一产业，只有38.69%的劳动力从事第二产业与第三产业。②新疆少数民族就业结构更加落后，第一产业的就业比例高达81.06%，维吾尔族、柯尔克孜族、哈萨克族第一产业就业比重分别高达82.86%、81.92%和78.89%。只有回族和蒙古族的第一产业就业比重低于全疆平均水平。③第二产业与第三产业就业比重的族际差异也相当明显，汉族比例明显高于少数民族。蒙古族和回族的第三产业就业比例较高，分别为33.23%和32.74%，蒙古族和回族的第二产业就业比重也相对较高，分别位居第3和第2。

就业结构的动态变化可通过比较三次人口普查数据得到：①新疆就业的产业分布结构转型升级进程非常缓慢，第一产业就业人数长期高居不下。从1990年至2010年，第一产业从业人员从66.31%下降至61.31%，20年间仅下降了5个百分点，第三产业就业比重提高了12.59%，第二产业从业人员比重反而下降了7.59%。②分民族来看，与全疆总的变动规律基本趋同，但变动速度存在一定差异。回族和蒙古族第一产业从业人员下降速度最快，20年间第一产业下降了10个百分点，第三产业从业人员增长最快，分别提高了17.06%和12.28%。维吾尔族和哈萨克族就业的产业分布结构变动较慢，20年间第一产业比重分别下降了2.45%和3.68%，但从2000年至2010年，维吾尔族第一产业的就业比例反而增加了2.26个百分点。人口规模较小的其他民族第一产业从业人员反而提高了0.82个百分点。新疆部分民族按产业划分的就业结构见表3-1。

表3-1 新疆部分民族按产业划分的就业结构

单位：%

民族	1990			2000			2010		
	第一产业	第二产业	第三产业	第一产业	第二产业	第三产业	第一产业	第二产业	第三产业
维吾尔族	85.31	5.86	8.83	80.60	5.12	14.28	82.86	3.81	13.33
汉　族	41.00	37.04	21.96	37.32	23.76	38.92	32.72	21.67	45.61
哈萨克族	82.57	4.21	13.22	78.01	3.81	18.18	78.89	3.57	17.54
回　族	67.94	16.38	15.68	60.90	9.61	29.49	57.97	9.29	32.74
柯尔克孜族	87.15	2.21	10.64	85.20	1.17	13.63	81.92	3.26	14.82
蒙古族	70.87	8.18	20.95	61.57	6.91	31.52	60.62	6.15	33.23
其他民族	64.30	10.97	24.74	67.09	8.78	24.12	65.12	9.63	25.25
总　计	66.31	18.80	14.89	61.44	12.97	25.59	61.31	11.21	27.48

数据来源：第四、五、六次新疆人口普查数据。

3.3.2 行业分布结构与族际比较

我国《国民经济行业分类》的国家标准历经四次修订，最新版本为2019年3月29日开始实施的第四次修订本（GB/T 4754—2017）。第五次和第六次人口普查数据分别涉及2002年和2011年两种不同版本，为了可比性和节约篇幅，对部分行业进行了归类处理。

根据表3-2所示数据，各民族就业人员的行业分布差异性非常显著。除农林牧渔业外，汉族就业人员依次集中在批发零售住宿和餐饮服务业、制造业、建筑业、交通运输仓储业等行业，维吾尔族依次集中在批发零售住宿和餐饮服务业、教育文化艺术和广播电影业，以及国家机关、党政机关和社会组织等行业。回族与汉族劳动力的行业分布结构基本类似，而蒙古族在国家机关、党政机关和社会组织等行业的就业比例最高。

表3-2　新疆部分民族分行业就业比重

单位：%

行业	维吾尔族	汉族	哈萨克族	回族	柯尔克孜族	蒙古族
农林牧渔业	82.86	32.72	78.89	57.97	81.92	60.62
采矿业	0.33	2.79	0.69	0.97	0.15	1.00
制造业	2.14	9.14	1.87	5.24	1.67	3.21
电力、燃气及水的生产和供应业	0.22	1.74	0.27	0.72	0.14	0.82
建筑业	1.12	8.00	0.09	2.36	1.30	1.12
交通运输、仓储和邮政业	1.74	7.32	1.92	6.65	1.94	3.74
批发、零售、住宿和餐饮业	4.06	17.10	3.10	14.71	2.13	5.34
金融保险业	0.19	1.59	0.27	0.81	0.15	0.95
房地产业	0.12	1.29	0.13	0.61	0.02	0.36
地质勘查业、水利管理业	0.27	0.81	0.46	0.50	0.10	0.36
社会服务业	1.06	3.83	0.99	2.01	1.06	1.55
卫生体育和社会福利业	0.83	2.40	1.41	1.17	1.09	3.39
教育文化艺术和广播电影	2.54	4.62	4.72	2.84	3.78	7.47
科学科研和综合技术服务	0.10	1.05	0.18	0.30	0.06	0.46
国家机关、党政机关和社会组织	2.41	3.15	4.36	3.14	4.47	9.24
其他行业	0.01	2.45	0.65	0.05	0.02	0.37

数据来源：第六次新疆人口普查数据。

从动态变化来看，汉族、回族、柯尔克孜族和蒙古族农林牧渔业就业比例明显降低，但维吾尔族与哈萨克族从事农林牧渔业的比例反而有所上升（表3-3）。原因有以下几点，一是较为宽松的少数民族生育政策特别是城乡有别的生育政策，导致部分少数民族人口增长相对较快，且主要集中于农村。

二是随着市场化进程加快，部分少数民族农村劳动力劳动参与率提升，且主要集中在农林牧渔业。其他行业的就业结构变动也不大，第二产业中除房地产业的就业比例略有提升外，采矿业、制造业等变动较小，这与该时期第二产业发展相对缓慢有关。

表 3-3 新疆部分民族分行业就业结构的演变（2010 年与 2000 年比较）

单位：%

行业	维吾尔族	汉族	哈萨克族	回族	柯尔克孜族	蒙古族
农林牧渔业	2.26	−4.28	0.89	−2.93	−3.28	−0.95
采矿业	−0.06	0.51	−0.16	−0.17	−0.35	0.23
制造业	−1.64	−3.66	−0.3	−0.68	1.22	−0.91
电力、燃气及水的生产和供应业	−0.21	−0.02	−0.32	−0.40	0	−0.48
建筑业	0.61	1.10	−0.11	0.93	1.22	0.40
交通运输、仓储和邮政业	0.48	1.81	0.66	2.66	1.29	1.10
批发、零售贸易和餐饮业	0.02	4.30	0.98	1.41	0.10	1.92
金融保险业	−0.07	0.11	−0.20	0.02	−0.04	0.21
房地产业	0.08	0.83	0.10	0.38	0.02	0.29
社会服务业	0	−0.16	0.17	0.10	0.02	0.03
地质勘查业、水利管理业	−0.11	−1.38	0.15	−1.24	0.64	−0.77
卫生体育和社会福利业	−0.10	0.23	−0.08	0.24	−0.18	0.01
教育文化艺术和广播电影	−0.79	0.82	−2.07	0.34	−1.48	−0.71
科学科研和综合技术服务	0.04	0.53	0.10	0.17	−0.11	0.25
国家机关、党政机关和社会组织	−0.13	−1.33	−0.09	−0.12	1.04	−0.12
其他行业	−0.38	1.32	0.31	−0.66	−0.12	−0.50

数据来源：第五次和第六次新疆人口普查数据。

3.3.3 职业分布结构与族际比较

表 3-4 是根据新疆 2010 年人口普查数据整理得到的新疆部分民族的劳动力职业分布情况。可以看出，少数民族劳动力 80.45%的就业主要集中在农业生产，其次为商业人员、服务人员和非农生产人员。不同民族的职业分布存在明显差异，维吾尔族、柯尔克孜族与哈萨克族从事农业生产的比例分别为 83.01%、82.29%与 78.10%，远高于全疆 61%的平均水平，汉族与回族从事农业生产的劳动力比例则相对较低。蒙古族的专业技术人员与办事人员比例分

别为13.95%与7.06%，在所有民族中这两类职业均排位第1，蒙古族的单位负责人比例也相对较高，仅次于汉族。回族的商业、服务人员与其他生产人员比例相对较高，均排位第2。

表3-4　2010年新疆部分民族的职业分布

单位：%

职　业	各民族职业分布比例							少数民族合计
	全疆	维吾尔族	汉族	哈萨克族	回族	柯尔克孜族	蒙古族	
农业生产人员	60.96	83.01	31.94	78.10	57.53	82.29	59.88	80.45
商业、服务人员	13.31	5.81	23.17	5.03	18.86	3.42	8.82	6.68
非农生产人员	11.65	4.45	21.48	4.59	12.40	2.94	7.55	5.05
办事人员	4.10	1.92	6.81	3.64	3.62	3.25	7.06	2.28
专业技术人员	8.10	4.24	13.02	7.36	6.09	6.31	13.95	4.8
单位负责人	1.73	0.45	3.37	1.23	1.35	1.77	2.66	0.63
不便分类的其他人员	0.15	0.12	0.21	0.05	0.15	0.02	0.08	0.11
合计	100	100	100	100	100	100	100	100

数据来源：新疆第六次（2010年）人口普查数据。

从动态变化来看，2010年相较2000年，全疆变化较大的两个职业为商业、服务人员和非农生产人员，商业人员与服务人员比重提升了2.70%，与该时期第三产业快速发展基本吻合（表3-5）。非农生产人员即生产、运输设备操作人员及有关人员的比例下降了2.27%，这是劳动力出现有限供给、劳动力成本提升导致生产结构由劳动密集型向资本技术密集型转型的结果。其他职业变动较小，办事人员比例略有上升，技术人员、单位负责人、农业生产人员有所下降。

分民族来看，十年来少数民族农林牧渔业生产人员反而上升了1.91%。主要原因是维吾尔族增加了2.50%，哈萨克族也增加了0.88%。回族、柯尔克孜族、蒙古族分别减少了3.12%、2.03%和1.58%。少数民族的商业人员、服务人员、办事人员比例略有上升，其他职业都略有下降。马戎等（2010）学者近年来的调查研究也证实了这一结论，2000年至2010年间少数民族农业劳动者比例显著增加，商业服务业人员比例略有增加，其他职业的就业比例都在下降。

表 3-5 新疆部分民族的职业分布（2010 与 2000 年比较）

单位：%

职 业	各民族职业分布比例							少数民族合计
	全疆	维吾尔族	汉族	哈萨克族	回族	柯尔克孜族	蒙古族	
农业生产人员	−0.10	2.50	−4.83	0.88	−3.12	−2.03	−1.58	1.91
商业、服务人员	2.70	0.40	5.97	1.69	3.48	0.78	2.75	0.81
非农生产人员	−2.27	−1.39	−3.25	−0.17	−0.32	1.08	−0.93	−1.14
办事人员	0.24	−0.01	0.71	0.51	0.06	1.55	0.90	0.05
专业技术人员	−0.06	−1.11	1.90	−2.13	0.61	−1.70	−0.86	−1.16
单位负责人	−0.56	−0.37	−0.62	−0.62	−0.73	0.30	−0.20	−0.43
不便分类的其他人员	0.05	−0.02	0.13	0.01	0.01	0.02	−0.09	−0.01

数据来源：新疆第六次与第五次人口普查数据。

3.3.4 就业收入情况与族际比较

收入与就业密不可分，收入高低是衡量就业结构质量的重要指标，城乡收入差距和区域收入差距较大也是当前我国发展不平衡的重要表现形式。族际收入差异的形成原因主要是就业结构差异导致。因而考察收入的族际差异是考察就业结构族际差异的重要内容。数据表明（表 3-6），无论是各地州的人均可支配收入，还是城镇劳动力的平均工资水平，少数民族人口高度集中的南疆四地州排名都很靠后，特别是农村居民可支配收入，南疆四地州排名最后四位。

表 3-6 新疆分地州城乡可支配收入与城镇劳动力工资收入

单位：元

地区	城镇居民	排名	农村居民	排名	非私营单位	排名	私营单位	排名
乌鲁木齐	42 667	2	21 448	2	90 692	2	44 238	10
克拉玛依	45 658	1	27 996	1	125 392	1	66 073	1
吐鲁番	35 466	4	14 798	8	85 258	3	45 929	9
哈密	37 317	3	17 797	5	80 867	5	50 708	4
昌吉	33 921	5	19 215	3	80 210	6	50 873	3
伊犁	32 320	10	14 270	9	67 259	12	49 995	5
塔城	30 193	12	16 876	7	67 724	10	47 057	7
阿勒泰	32 533	9	13 464	10	67 380	7	46 064	8
博州	33 407	7	17 555	6	68 018	9	47 662	6

（续）

地区	城镇居民	排名	农村居民	排名	非私营单位	排名	私营单位	排名
巴州	33 490	6	17 930	4	84 675	4	51 230	2
阿克苏	32 812	8	13 225	11	68 929	8	41 143	11
克州	30 160	13	8 053	14	66 039	13	36 773	12
喀什	27 430	14	9 385	12	70 254	7	32 575	14
和田	30 555	11	8 897	13	63 089	14	36 220	13

数据来源：《新疆统计年鉴》（2020 年）。

3.4　新疆少数民族就业结构的总体特征

3.4.1　少数民族就业结构相对落后

无论是从产业分布、行业分布还是职业分布来看，新疆就业结构的族际差异相当明显。总体来说，汉族的就业结构较少数民族就业结构要优，少数民族中回族和蒙古族就业结构相对较好，维吾尔族、哈萨克族和柯尔克孜族就业结构相对落后。少数民族就业结构相对落后主要表现为，部分少数民族集中于第一产业和低技能职业，单位负责人和技术人员等高技能劳动力比例偏低。

3.4.2　少数民族就业转型相对缓慢

根据历次人口普查数据判断，新疆就业结构转型升级进程较为缓慢，第一产业就业比重长期居高不下，第二产业就业比重长期在低位徘徊。少数民族就业结构的转型相对滞后，少数民族中除蒙古族、回族就业结构的转型相对较好外，受限于区域经济发展落后等因素，维吾尔族、哈萨克族转型缓慢，截至 2019 年底，全疆仍有农村富余劳动力 259.03 万人，其中维吾尔族高度集中的南疆地区 165.41 万人，占比 63.86%。

3.4.3　少数民族就业收入相对较低

就业结构的差异很容易导致收入水平的差异，由于少数民族高度集中于附加值低的第一产业，和技术含量较低的劳动密集型行业，因而收入总体偏低。近几年依托就业扶贫资金与乡村振兴衔接资金投资建立的就业工厂、卫星工厂和农产品加工园区，虽然开辟了乡村就业新空间，实现了村民就地就近就业，有效解决了农村闲置劳动力的就业问题，但由于规模小，效益低，工资收入也普遍偏低。如喀什地区岳普湖全县 46 个卫星工厂，2020 年带动就业 1 565 人，平均工资仅为 1 200 元每月，且开工率不足，从而无法形成持久稳定的收入来源。

3.5 少数民族就业结构落后的负面效应

3.5.1 不利于经济高质量发展

高质量发展是对新发展理念的传承，是以创新为动力、协调为手段、绿色为常态、开放为路径、共享为目的的发展方式（郭芸等，2020）。一是共享发展既是高质量发展的目标和归宿，同时也是高质量发展的动力和活力，而新疆少数民族就业结构的落后体现了少数民族群体共享发展成果的不足，从而会影响新疆未来高质量发展的动力。二是高质量发展是建立在供给侧结构性改革的基础之上，就业结构转型滞后势必阻碍产业结构的升级，从而使供给侧结构性改革受阻，最终影响经济的高质量发展。三是新疆少数民族就业结构的落后会影响其收入，从而削弱少数民族群体对高质量产品的需求，同样影响高质量发展进程。

3.5.2 不利于巩固脱贫攻坚成果

习近平总书记指出，新时期“六稳”“六保”任务的关键是持之以恒抓好脱贫攻坚和促进就业两件大事。2020 年，在中央大力支持与全疆各族人民的共同奋斗下，新疆脱贫攻坚取得决定性成就，绝对贫困问题得到历史性解决。现行标准下 35 个贫困县全部摘帽，3 666 个贫困村全部退出，306.49 万农村贫困人口全部脱贫。但还有部分脱贫不稳定户、边缘易致贫户和突发严重困难户存在，脱贫成果的巩固依然任重道远。同时，新疆脱贫成果的取得主要依靠政府主导与财政支持，农民自身发展能力尚处于培育阶段，如果缺乏稳定的工作与收入支撑，巩固脱贫成果和乡村振兴事业势必受到较大影响。

3.5.3 不利于民族团结与社会稳定

就业结构的族际差异过大容易固化民族边界，强化单一民族意识，不利于巩固新疆民族团结和铸牢中华民族共同体意识。少数民族就业结构的落后与失衡会直接影响少数民族劳动者的收入与社会经济地位，容易成为族际交往与民族认同的藩篱，也是造成民族偏见甚至民族冲突的重要原因（辜胜阻等，2014）。特别是就业结构问题与南疆区域人口民族结构单一、经济发展水平低、就业结构落后、贫困现象突显、宗教问题复杂等社会特征多重叠加，对新疆社会稳定与长治久安构成了重大挑战。

3.6　本章小结

虽然政府对少数民族就业问题给予了高度重视，且长期采取了就业促进政策与就业优惠政策，少数民族劳动力就业数量持续增加，但无论是从产业分布、行业分布还是职业分布来看，新疆就业结构的族际差异相当明显，部分少数民族就业结构相对落后的事实客观存在，少数民族就业结构的转型也相对缓慢。因此，政府未来对少数民族就业的关注重心应该从增加就业数量逐渐转向提高就业质量和优化就业结构。

第 4 章　新疆区域经济发展差距与少数民族就业结构

近年来中央制定了系列财政倾斜政策与经济帮扶政策，带动新疆社会经济全面发展，但经济发展层面的不平衡依然明显。主要表现为与其他省区的经济发展差距依然较大，以及疆内区域经济的非均衡发展现象突显。新疆是我国面积最大的省份，面积 166 万平方公里*，十四个地州市的差异性非常明显。特别是南北疆不仅在气候、资源、产业结构、经济发展水平上存在很大差异，而且在人口的民族结构、生活习惯、民俗文化等方面也存在较大差异。由于人口的地域分布、城乡分布与民族分布在空间上的高度重合，区域差异特别是区域经济发展差异直接导致了族际间的经济差异与就业结构差异。

4.1　区域经济发展差距对就业结构的影响原理

4.1.1　经济发展与就业

一般认为，经济发展与就业存在互动关系，因而通过发展经济解决就业问题是多数国家通用做法。但经济发展并不必然促进就业增长，因而联合国开发署将经济增长率和就业增长率的关系划分为“双高”“双低”“高-低”“低-高”四种类型①。为什么会出现经济发展与就业的不同步，一是受区域经济发展差距影响，二是与产业结构特征有关，这里主要阐述区域经济发展差距对就业结构的影响，产业结构对就业结构的影响将在下一章阐述。

4.1.2　区域经济发展差距与就业

在一个完全自由的经济体系里，受劳动生产率、工资收入或预期收入差异

---

* 1 公里＝1 千米。

① 四种类型的具体描述为：一是高经济增长、就业机会扩大类型；二是高经济增长、低就业或无就业类型；三是经济增长率下降，就业机会下降类型；四是经济增长率下降、就业机会扩大类型。

的驱动，在市场力量推动下劳动力会从效率低的区域流向效率高的区域，从而即使存在区域经济发展差距，也不会影响就业水平和就业结构的优化，也不会影响总产出水平，这一结论可以通过图 4-1 解释[①]，图中 A 与 B 分别代表两地区，横坐标 $L_A L_B$ 代表劳动力总量，MP_A、MP_B 分别代表两地区的边际产出，两者都满足边际产出递减规律。假设劳动力总量为 L，当给 A 地区配置 L_1 个单位劳动力，B 地区配置 $L-L_1$ 个单位劳动力时，此时有 $MP_A>MP_B$，A 地区边际产出水平高于 B 地区，此时劳动力配置是缺乏效率的，效率损失为图中 E 点左边的阴影部分。如果劳动力市场是完全竞争市场，且劳动力转移成本为零，则市场力量会促使劳动力从边际产出低的 B 地区转移至边际产出高的 A 地区，直至 A 地区的劳动力数量从 L_1 增加至 L_0 为止。此时 MP_A、MP_B 相交于 E 点，$MP_A=MP_B$，劳动力处于最优配置状态。同理，当 A 地区的劳动力配置数量达到 L_2 时，市场自发作用的结果会使劳动力从 A 地区流向 B 地区。

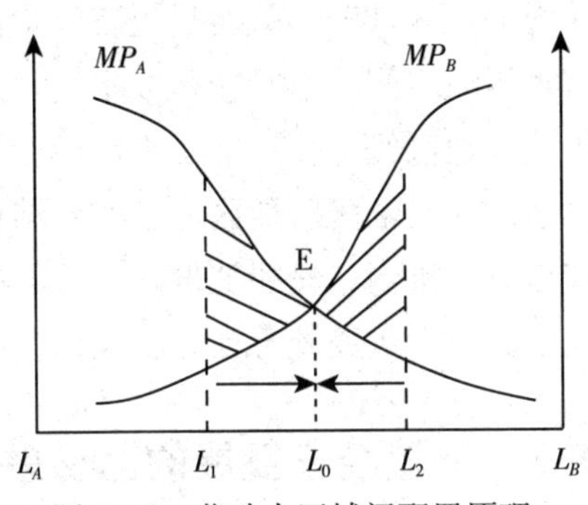

图 4-1　劳动力区域间配置原理

事实上，上述建立在完全竞争与自由经济基础之上的理论在解释劳动力区域间转移规律时并不符合现实。一是完全竞争与完全自由的经济在现实生活中并不存在，各种劳动力市场分割现象反而较为普遍。二是影响劳动力跨区域流动的因素很多。除劳动生产率与边际生产力外，生活环境与社会保障、就业机会与发展空间、工资收入与社会地位，以及个体转移能力、空间转移成本、生活习惯差异、政府组织与政策导向等都有可能对劳动力区域间流动产生重大影响。从而导致劳动力转移并不必然从经济落后地区转向经济发达地区，经济发展的地区差距对就业结构的影响就变得不可避免。

4.1.3　区域经济发展差距与少数民族就业结构

上述分析还暗含一个假设前提，即所有劳动力资源都是同质的。如果劳动力不同质，如新疆十四个地州市，人口与劳动力的民族构成存在很大差异，劳

① 以下内容已发表在论文“经济增长的结构分解与劳动力省际配置效率的测算”（统计与信息论坛，2016.08）一文中。

动力的跨区域转移就会受语言、生活习惯、就业观念等制约。加上新疆地域广大，区域之间的空间转移成本高，进一步限制了劳动力的跨地区转移。因此，当出现地区经济非均衡发展，而劳动力又不能顺利从经济落后地区转移至经济发达地区时，落后地区由于产业结构与城镇化滞后，部分农村劳动力就得不到转移就业机会，只能从事收入较低的农业生产工作。而当少数民族集中于落后地区时，少数民族劳动力就业结构的落后与失衡就在所难免。

4.2 新疆经济发展的区域差异

4.2.1 经济规模的地区差异

新疆总计有14个地级区、州、市，另有伊犁哈萨克自治州（简称伊犁州）是全国唯一的副省级行政区划，包含伊犁州直属县（简称伊犁）、塔城、阿勒泰三个地区。截至2021年3月，新疆另有10个直属县级市，但除了石河子、阿拉尔、五家渠等几个成立较早的县级市，多数直属县级市尚没有完整的统计数据。表4-1统计的是近10年来新疆14个地州市的经济总量及其变化趋势，根据数据可以看出，南北疆的经济差距长期存在。以2020年为例，北疆9个地州市的经济总量为9 308.04亿元，南疆5个地州仅为4 127.12亿元。占新疆国土面积65%的南疆，其经济总量仅占全疆GDP总量的30.72%。

表4-1 2010年至2020年新疆各地州市GDP

单位：亿元

地区	2010	2011	2012	2013	2014	2015	2016	2017	2018	2019	2020
乌鲁木齐	1 338.52	1 690.03	2 001.74	2 202.85	2 461.47	2 631.64	2 458.98	2 730.65	3 099.77	3 413.26	3 337.32
克拉玛依	711.35	801.69	810.71	853.11	847.67	629.43	621.00	744.50	898.14	972.90	886.90
吐鲁番	182.79	221.43	243.39	260.89	260.02	208.58	221.57	267.15	310.59	384.48	373.41
哈密	167.38	220.92	268.25	333.93	402.18	423.57	480.01	480.01	536.61	604.82	607.91
昌吉	557.99	702.94	818.56	937.31	1 060.87	1 140.01	1 118.24	1 191.34	1 367.30	1 324.74	1 387.25
伊犁	408.26	495.16	577.62	681.16	742.34	809.06	782.00	856.93	939.85	1 190.71	1 266.01
塔城	341.90	419.62	486.23	542.91	594.12	593.16	563.32	607.78	693.27	696.58	737.57
阿勒泰	134.86	163.77	188.11	210.94	225.62	222.12	217.30	246.22	284.09	339.16	334.53
博州	131.45	151.32	185.40	222.17	258.11	287.21	277.55	313.09	330.34	354.29	377.14
北疆合计	3 974.52	4 866.88	5 580.01	6 245.28	6 852.41	6 944.78	6 739.96	7 437.69	8 459.97	9 280.94	9 308.04

（续）

地区	2010	2011	2012	2013	2014	2015	2016	2017	2018	2019	2020
巴州	640.14	799.87	907.54	1 017.00	1 118.79	1 039.00	904.89	976.37	1 027.50	1 149.34	1 106.29
阿克苏	396.12	506.14	612.14	692.60	749.89	810.18	792.80	914.74	1 027.43	1 222.40	1 315.05
克州	38.88	48.03	61.03	77.84	89.24	100.03	100.33	118.65	128.89	159.05	169.24
喀什	359.97	420.15	517.35	617.30	688.40	780.12	759.86	837.00	890.12	1 048.30	1 130.22
和田地区	103.50	126.99	147.29	171.65	198.42	234.05	236.33	266.20	305.57	377.65	406.32
南疆合计	1 538.60	1 901.18	2 245.35	2 576.39	2 844.74	2 963.39	2 794.21	3 112.95	3 379.51	3 956.74	4 127.12

注：①昌吉、伊犁、博州、巴州、克州分别为昌吉回族自治州、伊犁州直属县（市）、博尔塔拉蒙古自治州、巴音郭楞蒙古自治州、克孜勒苏柯尔克孜自治州的简称，下文同。②也有将吐鲁番市和哈密市划分为东疆的方法，本书中统一将其划为北疆。

地区差异的动态变化可以通过变异系数来考察，各年度的变异系数＝各地区 GDP 标准差/各地区 GDP 平均数。图 4－2 反映了 2010—2020 年新疆地区经济发展差距的动态变化情况。数据表明，近 10 年来新疆经济总量地区间存在较大差异，虽然存在一定波动，最近几年差距也有所缩小，但变异系数都保持在 0.80 以上。

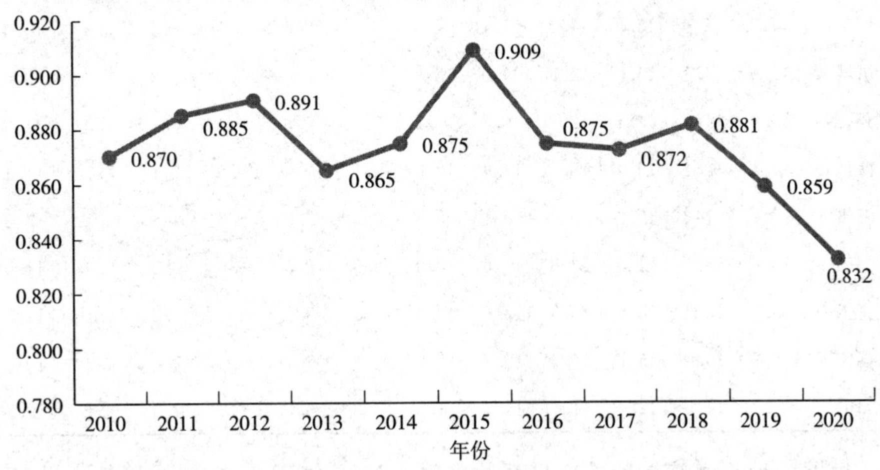

图 4－2　新疆 2010—2020 年 GDP 地区差异的动态变化

4.2.2　经济增速的地区差异

对经济增长速度的考察可以预测地区差异的未来变动趋势，根据新疆各地州市经济增速（表 4－2）可以看出，近年来新疆各地州市保持了较快的经济增速，14 个地州市中有 9 个年均增长率达到了两位数。而经济增速的地区差距也相当明显，但有逐渐缩小趋势。如 2010 年，增速最快的哈密市达到 20.5%，而最慢的吐鲁番市仅有 4.3%，两者相差 16.2%。而至 2019 年，增速最快的和田地区为 7.8%，而最慢的克州和塔城地区为 5.2%，差距缩小至 2.6%。2020 年受新冠疫情影响，各地州经济增速均有明显下降。其中乌鲁木齐与克拉玛依下降最快，分别从 6.5%和 6.0%下降至 0.3%和 2.3%。

表 4－2　2010 年至 2020 年新疆各地州市 GDP 增速

单位：%

地区	2010	2011	2012	2013	2014	2015	2016	2017	2018	2019	2020	年均
乌鲁木齐	12.3	15.3	17.3	15.0	10.5	10.5	7.6	8.1	7.8	6.5	0.3	10.0
克拉玛依	17.4	2.9	6.0	6.8	1.5	0.5	2.3	7.5	6.7	6.0	2.3	5.4
吐鲁番	4.3	5.4	8.8	5.5	4.7	5.5	5.5	9.8	7.4	5.9	3.0	6.0
哈密	20.5	22.0	22.2	22.2	20.0	10.4	8.9	8.3	5.5	6.4	4.7	13.5
昌吉	15.9	16.6	14.6	16.9	16.0	12.0	8.2	7.0	5.1	6.1	5.3	11.1
伊犁	14.5	15.0	15.5	14.3	12.1	7.5	8.3	8.6	6.5	6.5	5.2	10.3
塔城	12.9	14.1	15.0	12.5	9.9	12.3	9.2	7.4	5.0	5.2	4.3	9.7
阿勒泰	10.1	11.8	12.1	12.2	9.3	7.2	9.7	7.8	5.4	6.2	2.3	8.5
博州	11.4	12.1	19.4	18.0	14.4	12.0	10.1	10.0	6.0	7.1	5.7	11.4
巴州	7.0	7.2	10.2	10.0	8.1	4.3	6.0	7.0	4.0	4.8	3.1	6.5
阿克苏	13.4	19.1	14.5	12.8	11.6	10.9	10.3	8.6	6.6	8.1	5.9	11.0
克州	13.1	13.2	18.5	18.5	13.0	12.3	10.1	8.2	5.7	5.2	4.1	11.0
喀什	12.2	15.6	15.7	15.5	10.2	12.2	11.5	6.1	4.2	5.6	4.8	10.2
和田	12.2	14.6	12.4	11.1	11.4	11.6	10.3	8.7	7.5	7.8	5.4	10.2

根据各地州经济增速的变异系数来看，2010 年至 2015 年新疆各地州市经济发展存在较大差异，最高时变异系数达到 0.415，2015 年后变异系数明显降低，2017 年最低时达到 0.132，同样可以看出，经济发展速度的地区差异不断缩小。2020 年受新冠疫情影响，个别地区经济发展受到较大影响，因而地区差异有所扩大（图 4－3）。

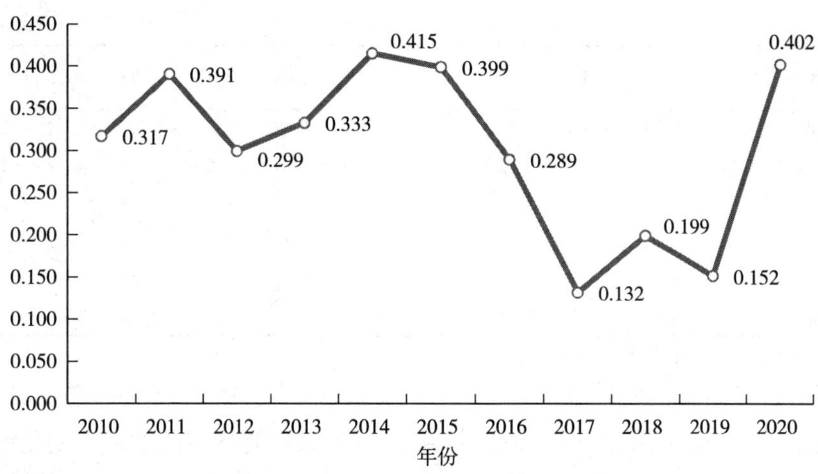

图 4-3　新疆 2010—2020 年 GDP 增速的地区差异

4.2.3　人均 GDP 的地区差异

GDP 总量只能反映各地州的总体经济实力与经济发展速度，根据人均 GDP 可以进一步考察生活水平的地区差异。人均 GDP 的数据显示（表 4-3），南北疆的差距更加明显。以 2020 年为例，北疆人均 GDP 为 7.35 万元，南疆仅为 3.45 万元。南疆人均 GDP 仅相当于北疆的 46.94%。特别是和田地区，人均 GDP 仅为 1.62 万元，最高的克拉玛依市是其的 11.16 倍。

表 4-3　2010 年至 2020 年新疆各地州市人均 GDP

单位：万元

地区	2010	2011	2012	2013	2014	2015	2016	2017	2018	2019	2020
乌鲁木齐	4.30	6.78	7.76	8.38	9.22	9.86	9.18	12.27	13.95	15.27	8.23
克拉玛依	18.19	28.40	28.36	29.40	28.66	21.00	20.40	24.22	29.18	31.47	18.09
吐鲁番	2.93	3.50	3.89	4.06	3.98	3.20	3.50	4.19	4.90	6.13	5.38
哈密	2.92	3.78	4.53	5.49	6.52	6.87	8.55	8.56	9.59	10.85	9.03
昌吉	3.91	5.04	5.84	6.67	7.51	8.19	7.98	8.47	9.81	8.26	8.60
伊犁	1.64	1.72	1.98	2.28	2.47	2.69	2.63	2.92	3.21	4.08	4.44
塔城	2.80	4.02	4.64	5.12	5.65	5.79	5.54	6.02	6.99	7.65	6.48
阿勒泰	2.24	2.45	2.84	3.15	3.34	3.33	3.23	3.67	4.31	5.16	5.00
博州	2.96	3.11	3.83	4.53	5.23	5.99	5.81	6.59	6.90	7.45	7.73
北疆合计	3.65	4.65	5.27	5.79	6.30	6.43	6.29	7.27	8.31	9.02	7.35

（续）

地区	2010	2011	2012	2013	2014	2015	2016	2017	2018	2019	2020
巴州	5.01	5.86	6.60	7.24	8.00	7.45	7.36	7.87	8.27	8.94	6.85
阿克苏	1.67	2.12	2.55	2.82	2.96	3.20	3.16	3.59	4.01	4.77	4.84
克州	0.74	0.87	1.09	1.35	1.50	1.68	1.66	1.91	2.06	2.57	2.72
喀什	0.90	1.02	1.25	1.46	1.53	1.73	1.68	1.80	1.92	2.27	2.51
和田	0.51	0.61	0.69	0.80	0.88	1.01	0.96	1.06	1.21	1.49	1.62
南疆合计	1.51	1.81	2.12	2.38	2.52	2.61	2.47	2.69	2.92	3.40	3.45

数据来源：2011 年至 2021 年新疆统计年鉴。

注：2020 年数据与之前年份变动较大的原因是运用了人口普查数据，相对来说更为准确。

图 4 - 4 反映的是 2010—2020 年新疆人均 GDP 地区差距的动态变化情况。数据表明，10 年来人均 GDP 的区域差距一直很高，但在政府实施系列旨在缩小区域差距的政策之后，区域差距有逐渐缩小态势，变异系数也从 2011 年的 1.36 降低至 2015 年的 0.85，之后几年又有所回升，2019 年上升至 0.88。2020 年快速下降为 0.60 的原因，一是 2020 年人口数据采用了第七次人口普查数据的常住人口，乌鲁木齐、克拉玛依等经济发达地区同时又是流动人口较多地区，历年人口统计数据偏低，导致 2020 年以前这些地区的人均 GDP 数据偏高，同时也导致 2020 年前的人均 GDP 变异系数偏高。二是乌鲁木齐和克拉玛依等经济发达地区，由于二、三产业占比较高，2020 年新冠疫情对其影响相对较大，降低了 2020 年的变异系数，即地区差距缩小了。

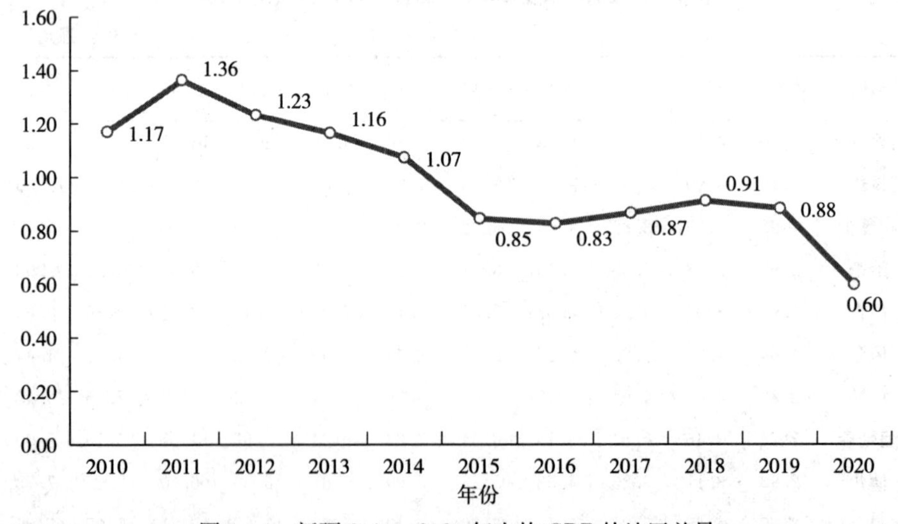

图 4 - 4　新疆 2010—2020 年人均 GDP 的地区差异

4.2.4　产业结构的地区差异

根据 2021 年新疆统计年鉴数据，新疆各地州的产业结构存在明显差异。从南北疆来看，北疆产业结构为 11.32%：35.28%：53.39%，南疆产业结构为 22.08%：30.51%：47.40%，北疆明显优于南疆。

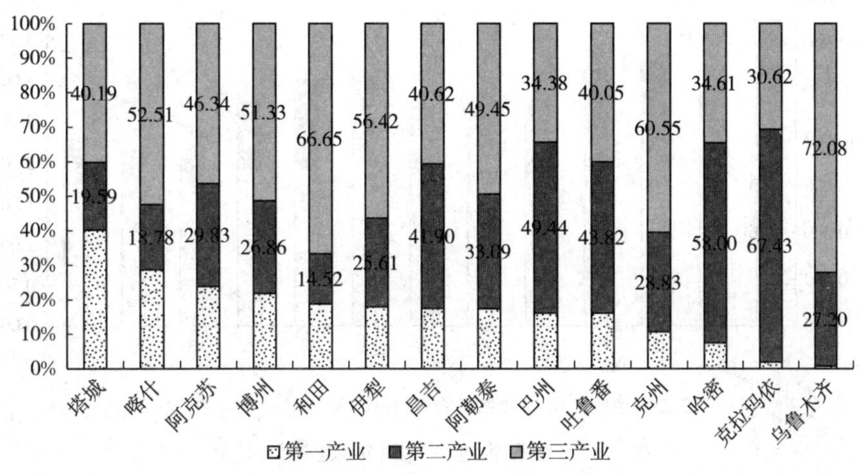

图 4－5　新疆各地州 2020 年产业结构

分地区来看（图 4－5），塔城地区的第一产业比重最高，达到 40.22%，南疆喀什、和田、阿克苏三地州的第一产业比例也明显偏高。巴音郭楞蒙古自治州、克拉玛依市的第二产业占比相对较高，主要原因是依托于丰富的石油资源，两地区的石油开采与石油化工较为发达。哈密市同样受益于煤炭、有色金属等矿产资源，第二产业比重较高。和田与喀什受益于当地丰富的旅游资源，第三产业比重相对较高，但第二产业发展非常缓慢，占全部 GDP 比例很低。

4.2.5　城乡差距的地区差异

城乡收入差距对就业结构的影响理论上是双向的。一方面城乡收入差距是农村劳动力转移的重要驱动力，收入差距越大，劳动力转移的驱动力越强。另一方面，城乡收入差距过大有可能是劳动力转移不充分的结果，农村剩余劳动力越多，劳动生产率越低，城乡收入差距就越大。由图 4－6 可知，除克拉玛依市外（缺少城乡收入数据），乌鲁木齐市、哈密市、昌吉州等地理位置较好的地区人均收入水平较高。地理位置偏远的南疆四地州不仅人均收入水平相对较低，城乡收入差距也较大。其中克州的城乡收入差距最大，城乡收入比为3.36∶1，和田、喀什、和阿克苏的城乡收入比分别为3.14∶1、2.66∶1和2.28∶1，城乡差距分别位居第2位、第3位和第4位。

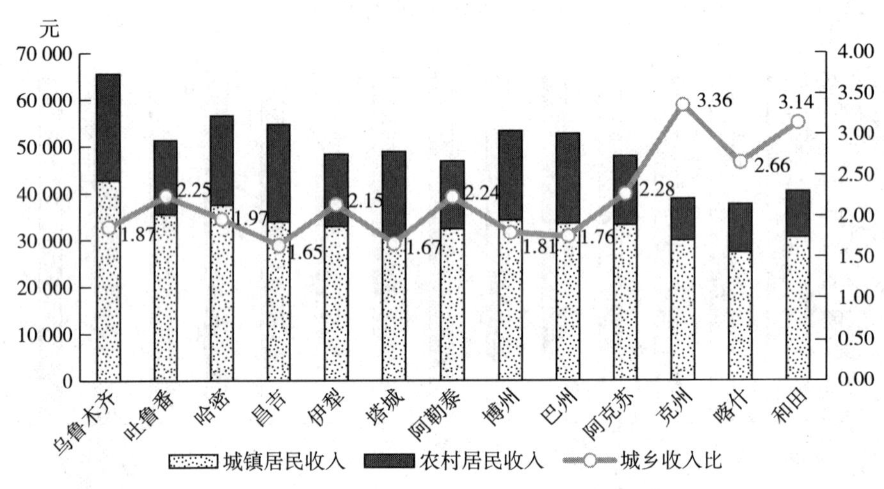

图4-6　新疆各地州2020年城乡收入差距

4.3 人口结构的地区差异

4.3.1 人口数量的地区差异

根据新疆人口普查数据，2020年新疆常住人口总量为2 585.23万人，其中北疆九地州人口数量1 266.95万人，占比49.01%，南疆五地州人口数量1 195.17万人，占比46.23%。另有自治区直辖县（市）人口数量为123.11万人，占比4.76%。喀什地区人口数量最多，总人口为449.64万人，其次为乌鲁木齐市、伊犁州直属县、阿克苏地区与和田地区。除克拉玛依市外，博尔塔拉蒙古自治州人口最少，人口总数为48.82万人，仅相当于喀什地区10.86%（图4-7）。

4.3.2 人口民族结构的地区差异

新疆自古就是一个多民族聚居地区，我国56个民族在新疆都有分布。但各地州市人口的民族结构存在很大差异。从民汉结构来看，南疆少数民族人口

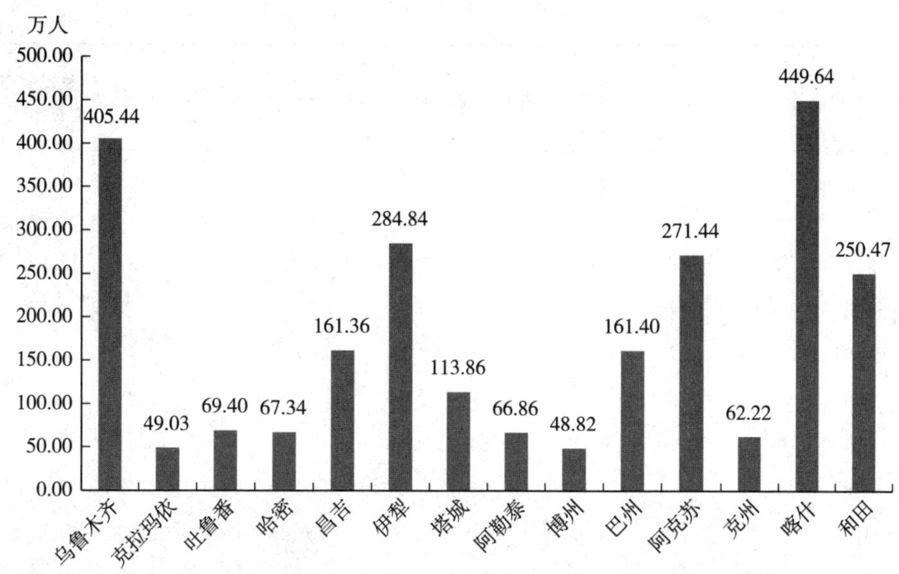

图 4－7　新疆各地州 2020 年人口分布（第七次人口普查数据）

比例明显高于北疆。从少数民族内部结构来看，与全国民族人口“大杂居、小聚居”分布特点不同，新疆的少数民族分布则相对集中。如表 4－4，分布在南疆的主体民族主要为维吾尔族和柯尔克孜族，其中维吾尔族在南疆的分布比例为 83.61%，且高度集中于喀什、和田和阿克苏三地区。而 78.67%的柯尔克孜族则集中于克孜勒苏柯尔克孜自治州，另有 97%的塔吉克族生活在喀什与克州。北疆的少数民族则主要由哈萨克族、回族、蒙古族和其他少数民族构成，其中 79.23%的哈萨克族集中分布于伊犁哈萨克自治州，蒙古族在北疆则主要分布于塔城和伊犁哈萨克自治州。其他人口数量相对较多的锡伯族、俄罗斯族、乌孜别克族、塔塔尔族、满族和达斡尔族集中分布于北疆各地州。

表 4－4　2019 年新疆各地州市人口的民族结构

单位：%

地区	全部人口	汉族	维吾尔族	哈萨克族	回族	柯尔克孜族	蒙古族	其他	少数民族占全省比例
乌鲁木齐	10.21	22.74	2.47	3.92	24.61	0.85	6.11	11.50	4.32
克拉玛依	1.41	3.30	0.42	0.79	0.76	0.07	1.72	2.21	0.53
吐鲁番	2.91	1.53	4.22	0.02	3.75	0.00	0.11	0.46	3.56

（续）

地区	全部人口	汉族	维吾尔族	哈萨克族	回族	柯尔克孜族	蒙古族	其他	少数民族占全省比例
哈密	2.57	5.26	0.97	3.57	1.80	0.01	1.55	1.39	1.30
昌吉	6.40	14.47	0.59	9.18	15.00	0.08	3.92	5.79	2.61
伊犁	13.46	14.83	6.67	40.24	32.03	9.75	18.97	40.38	12.82
塔城	4.56	7.79	0.37	16.84	8.48	1.02	18.91	7.61	3.04
阿勒泰	3.03	3.78	0.08	22.15	2.53	0.03	3.70	2.49	2.68
博州	2.20	4.35	0.61	3.17	2.20	0.05	15.92	1.67	1.19
北疆	46.75	78.06	16.39	99.88	91.17	11.86	70.91	73.51	32.04
巴州	5.71	9.51	3.91	0.08	6.63	0.11	28.15	3.48	3.92
阿克苏	11.77	6.83	17.76	0.01	1.39	5.49	0.45	2.87	14.09
克州	2.87	0.56	3.58	0.01	0.06	78.67	0.04	2.26	3.95
喀什	21.28	4.00	37.12	0.01	0.60	3.36	0.36	17.22	29.41
和田	11.62	1.04	21.24	0.01	0.16	0.52	0.09	0.67	16.60
南疆	53.25	21.94	83.61	0.12	8.83	88.14	29.09	26.49	67.96
合计	100	100	100	100	100	100	100	100	100

数据来源：2020 年《新疆统计年鉴》，2021 年未有人口的民族细分数据。

汉族人口主要分布在乌鲁木齐、昌吉、伊犁和巴州等地区，这是由于新疆一直以来就是我国人口的强势吸引地区（欧阳金琼，2015），而经济发展水平高的地区容易吸引到更多人口。汉族人口中有相当一部分是移民，除政府组织的移民外，多数移民选择了乌鲁木齐等发展空间较大的城市，或克拉玛依等收入较高的地区，这是市场力量自发作用的结果。

4.3.3 就业水平与就业结构的地区差异

根据各地州市就业率数据与就业的产业分布数据（表 4－5），各地区就业水平与就业结构均存在较大差异。如果以在业人数占劳动年龄人口的比例来代表就业率，就业率最高的为和田（78.78%），最低的为阿勒泰（57.98%）。但和田的就业结构最为落后，76.84%从事农、林、牧、渔业，只有 16.47%从事第二产业。乌鲁木齐和克拉玛依两个地级市的就业人员主要分布在第二产业和第三产业，从事农、林、牧、渔业的分别只有 5.58%和 10.93%。

表4-5　新疆各地州市就业率与就业结构

单位：%

地区	抽样总数	劳动年龄人口	在业	就业率	第一产业	第二产业	第三产业
新疆	358 472	254 282	174 414	68.59	53.79	12.01	34.20
乌鲁木齐	33 691	25 676	16 730	65.16	5.58	24.60	69.82
克拉玛依	12 613	9 779	6 887	70.43	10.93	42.05	47.02
吐鲁番	18 221	12 923	7 900	61.13	67.37	3.68	28.95
哈密	14 354	10 698	7 231	67.59	42.80	17.36	39.84
昌吉	30 814	22 878	16 224	70.92	41.41	13.67	44.92
伊犁	33 013	22 998	14 947	64.99	59.43	8.56	32.01
塔城	20 006	14 903	9 884	66.32	62.44	6.64	30.92
阿勒泰	14 927	10 667	6 185	57.98	54.66	8.84	36.49
博州	12 913	9 632	7 089	73.60	51.70	8.55	39.75
巴州	23 230	17 058	12 643	74.12	55.46	12.46	32.08
阿克苏	37 846	25 801	18 621	72.17	69.39	6.50	24.10
克州	13 640	8 969	6 341	70.70	70.84	4.65	24.51
喀什	43 060	28 022	18 763	66.96	75.82	6.03	18.15
和田	32 774	21 077	16 605	78.78	76.84	6.47	16.69
直辖市	17 370	13 201	8 364	63.36	41.58	21.46	36.96

数据来源：2015年新疆1%人口抽样调查中行业分布数据。

注：①表中的第一产业指农、林、牧、渔业之和，第二产业包括采矿业、制造业、建筑业和电力、热力、燃气及水供应业，其他为第三产业。②就业率一般是指在业人口/（在业人口+失业人口），这里用在业人口/劳动年龄人口代替。③新疆直辖县级市包括阿拉尔市、石河子市、图木舒克市和五家渠市。

4.4　人口、就业与经济分布的重合性检验

4.4.1　经济的地区差异与人口民族结构

表4-6反映了新疆各地州市人口分布的民族结构与人均GDP排名。可以看出，各地州市人均GDP排名与人口分布的民族结构高度重合，即人均GDP水平越低，民族人口比例越高。人均GDP较高的克拉玛依市、乌鲁木齐市、哈密地区，其民族人口比例在14个地州市中分别排名第14、第12和第11

位。而人均 GDP 较低的和田、喀什、克州，其民族人口比例在 14 个地州市中分别排名第 1、第 2 和第 3 位。表明少数民族人口大量集中于经济落后地区，这也是少数民族就业结构落后的主要原因。

表 4-6　2019 年新疆各地州市人口结构与人均 GDP 排名

地区	人均 GDP（万元）	排名	少数民族占比（%）	排名
克拉玛依	31.47	1	25.33	14
乌鲁木齐	15.27	2	28.79	12
哈密	10.85	3	34.51	11
巴州	8.94	4	46.69	8
昌吉	8.26	5	27.72	13
塔城	7.65	6	45.34	9
博州	7.45	7	36.73	10
吐鲁番	6.13	8	83.16	4
阿勒泰	5.16	9	60.15	7
阿克苏	4.77	10	81.44	5
伊犁	4.08	11	64.79	6
克州	2.57	12	93.71	3
喀什	2.27	13	93.99	2
和田	1.49	14	97.15	1

4.4.2　就业结构的地区差异与人口的民族结构

一般以非农就业比例及其变动代表就业结构转型升级程度，表 4-7 是新疆各地州市就业结构、产业结构与人口的民族结构排名及其比较。可以看出，新疆各地州市的就业结构同样与少数民族人口的民族结构高度相关，非农就业比例排名前四位的乌鲁木齐市、克拉玛依市、昌吉地区和哈密市，少数民族人口比例排名最后四位。而非农就业比例排名最后四位的南疆四地州和田、喀什、克州和阿克苏，少数民族人口比例则相应排名前四位。各地区产业结构与少数民族人口比例、就业结构的相关性也较为明显，即少数民族人口比例越低，产业结构越高级，就业结构越优化。

表 4-7　新疆各地州市就业结构、产业结构与人口的民族结构排名

地区	非农就业（%）	排名	非农产业	排名	少数民族比例（%）	排名
乌鲁木齐	94.42	1	99.18	2	27.42	13
克拉玛依	89.07	2	98.80	1	19.02	14
昌吉	58.59	3	90.68	7	29.26	12
哈密	57.20	4	85.84	3	33.31	11
博州	48.30	5	82.54	9	68.71	7
阿勒泰	45.34	6	79.03	6	37.76	10
巴州	44.54	7	78.15	5	47.65	8
伊犁	40.57	8	78.05	10	39.76	9
塔城	37.56	9	77.85	14	73.31	6
吐鲁番	32.63	10	76.77	8	78.79	5
阿克苏	30.61	11	73.22	12	84.83	4
克州	29.16	12	70.93	4	94.68	2
喀什	24.18	13	70.84	13	92.92	3
和田	23.16	14	63.91	11	97.99	1

数据来源：2015 年《新疆 1%人口抽样调查资料》和 2016 年《新疆统计年鉴》。

4.5　本章小结

由于人口分布的民族结构与地区结构高度重合，就业结构的族际差异主要由区域经济发展不均衡导致。即少数民族人口高度集中于经济发展相对落后地区，地区差距就直接转换成了民族差距。南疆人口数量占新疆总人口一半以上，且集中了三分之二以上的少数民族人口，但经济总量不足北疆的二分之一。南疆的和田、喀什、克州和阿克苏更是少数民族人口高度集中地区，四地州少数民族人口比例平均达到 91.64%，但经济发展水平相对较低，由于少数民族人口高度集中地区经济发展与产业结构相对落后，从而导致少数民族就业结构的相对落后与就业结构转型相对缓慢。

第 5 章 新疆产业结构与少数民族就业结构

产业是就业的载体，没有产业就没有就业，因而产业结构的变动必然导致就业结构变动。伴随经济快速发展，新疆产业结构发生了深刻变化，新疆就业结构是否与产业结构的转型升级同步优化，产业结构转型升级背景下，占人口总数三分之二的新疆少数民族就业结构是否得到了改善。本章分别从理论与数据两个角度对这一问题展开论证。考虑到新疆人口本来就是以少数民族人口为主体，因而从全疆产业结构与就业结构的关系和产业结构与少数民族就业结构关系两个方面展开论述。

5.1 产业结构对就业结构的影响原理

5.1.1 产业结构升级可以通过创造新产业带动新就业

产业结构的实质是包括劳动力资源在内的要素资源在不同产业或行业间的配置结构，就业结构事实上是产业结构的内容之一。因而产业结构的变动不仅会对就业的数量结构产生影响，而且会对就业的质量结构产生重大影响。产业结构升级是指产业结构从低级形态向高级形态演变的过程，宏观上主要表现为从低附加值的产业上升到高附加值的产业，微观上具体表现为生产技术、管理水平、产品质量和生产效率的提高。

人类社会经济发展的历史也是产业结构转型升级与就业结构变迁的历史。传统农业社会对劳动力的需求数量受限于土地等自然资源，因为自然资源的稀缺性，伴随人口的持续增长，农业劳动力的剩余就不可避免。而工业受土地等资源的制约远小于农业，因而工业特别是劳动密集型工业推动了就业规模的迅速扩大，人类社会从传统农业社会过渡到工业社会。伴随经济发展方式的转变与产业结构的进一步升级，交通运输、邮政仓储、信息传输、金融保险、住宿餐饮、批发零售、公共管理、科学研究等第三产业蓬勃发展，同样提供了数量可观的就业岗位。特别是现代信息技术与网络技术等新兴产业的快速发展，创造了更多的就业机会，人类社会也因此逐渐过渡到信息经济时代。

中国近年来互联网、物联网、云计算、电子商务、共享经济等新产业与“新经济”的出现，提供了大量的新岗位与“新就业形态”①。尽管新就业形态的全面权威的统计调查数据还不够完善，但各种迹象表明，新就业形态的岗位呈爆炸式增长。张车伟等（2017）的研究表明，2007—2012 年，新经济带动的就业增长率达 9.2%，而同时期整体就业增长率仅为 0.4%，新经济已成为拉动中国就业增长的主要力量。国家信息中心共享经济研究中心 2021 年公布的《共享经济发展报告》表明，2015—2020 年，共享经济的就业规模每年以 1 000 万人的速度增长，2021 年共享经济总量规模已达 3.38 亿元，就业总量已达 8 400 多万人，并将按年均 10%以上的速度增长。新产业与新经济不仅创造了新的就业岗位，同时提高了劳动力的供需匹配效率，促进了劳动力技能与质量的提升（张成刚，2017）。种种迹象表明，我国已逐渐迈入数字经济时代。

5.1.2　产业结构升级的就业弹性扩大效应增加了就业机会

相关研究表明，不同产业的就业效应存在较大差别，第一产业由于劳动生产率与附加值较低的现实，其带动就业的能力相对较低，即就业弹性小。第二产业曾一度是我国拉动就业的主力军，但随着信息经济、数字经济的崛起和第二产业内部结构的升级，劳动密集型逐渐让位于资本技术密集型，第二产业对我国就业的拉动作用也因此逐渐减弱。第三产业多数属于劳动密集型服务业，因而就业弹性较大，就业拉动作用明显。因此，当产业结构依次转型为以第三产业为主体时，总体的就业弹性扩大，从而就业机会增加。同时，三次产业部门内部的行业结构、所有制结构等对就业的影响也存在较大差异，如第三产业中的数字经济、平台经济就业弹性相对更大（李敏等，2020）。

新疆三次产业吸纳就业能力各不相同，第一产业“蓄水池”现象依然明显，第二产业吸纳劳动力就业有限，第三产业是吸纳劳动力就业的主力军，且民营企业的就业弹性高于国有企业（秦放明和喻科，2015）。新疆第三产业内

① “新经济”一词由李克强总理在 2016 年初国务院常务工作会上首次提出，同年写入《政府工作报告》。“新就业形态”于十八届五中全会首次提出，2016 年政府工作报告提到“加强对灵活就业、新就业形态的支持”，随后在多次政府工作报告中被强调。

部的生产性服务业，如金融业、租赁和商务服务业、交通运输仓储和邮电通信业等的就业弹性相对较大（慕慧娟和崔光莲，2015）。因而新疆三次产业的升级总体上是有利于就业规模的扩大与就业结构转型，但是否必然促进少数民族的就业结构转型，则尚未可知。

5.1.3 产业结构升级的资本偏向性可能减少就业机会

产业结构转型升级的总体趋势是由劳动密集型向资本、技术密集型转型，因而产业结构升级过程本质上是资本与技术对劳动的替代过程，从而抵消了传统工业化进程创造就业的部分能力（刘世锦，2005，吴敬琏，2006）。产业结构转型升级的资本偏向性特征一方面有可能导致就业结构与产业结构的失衡，如当前的产能过剩问题，是我国就业形势日益严峻的重要原因之一。同时导致了“大学生就业难”和“民工荒”同时并存，产业结构和就业结构之间矛盾不断显性化。另一方面，产业升级要求高技能劳动力与之相匹配，当劳动力素质跟不上产业升级步伐时，就会导致更多的结构性失业，即一部分劳动力因旧有产业的衰退而失去工作，而新兴产业要求的高技能劳动力需求又暂时得不到满足。因而新创企业与就业之间的关系并非简单的“带动”关系，创业对就业的影响存在岗位创造效应和挤出效应，新创企业可能增加就业总量，也可能降低就业总量（张成刚和廖毅，2018）。

5.1.4 产业结构升级对就业结构的影响存在滞后性

威廉·配第（1672）认为产业差异是导致劳动者收入差距的关键因素，制造业收入大于农业收入，而商业收入又大于制造业收入。劳动力在收入最大化动机的推动下，自发从相对低收入产业部门源源不断地转移至高收入产业部门。钱纳里和塞尔奎因（1975）构建的“世界发展模型”证明了工业化进程和城市化进程相伴相生，即工业化过程促进了劳动力由农业部门向工业部门转移。但就业结构的变动往往滞后于产业结构的变动，这种滞后性在一个国家的工业化初期表现更为明显（1971）。我国就业结构与产业结构之间就存在显著偏差，就业结构长期滞后于产业结构（朱琳，2017），就业结构与产业结构的协调呈现先降后升的U形趋势（夏四友等，2020）。产业结构升级长期内会增加就业，但在短期内还可能导致失业增加（郭宇航和孔微巍，2020）。就业结构的滞后性程度在不同产业间也存在差异，如有学者指出，2015年以前，我国第三产业的就业结构与产业结构存在7年的滞后时间（周健，2020）。

5.1.5　产业结构升级对不同群体的就业影响存在异质性

相关研究表明，产业结构升级对不同群体的就业产生了不同影响，一是对处于不同经济发展水平的地区影响不同，比如东部、中部、西部三大区域的产业结构与就业结构协调程度依次递减（单良和张涛，2018），因而中西部地区通过产业结构升级带动的就业就要低于东部地区。二是对不同人力资本与技能的劳动者带来的影响不同，人力资本相对较高的技能型劳动力更能适应产业结构的调整，而农民工等人力资本相对较低的体力型劳动力的就业结构有可能出现“降级”趋势（李天成，2020）。

对少数民族劳动者这一群体来说，产业结构升级对其就业的影响总体上处于一种“逆向调整”，即趋于“低端化”趋势。从事第一产业的劳动力比重大，从事第二、三产业或新兴产业的比重低，从事体力劳动的数量多，从事脑力劳动的数量少（郑长德，2015）。产业结构升级后，要求匹配更高质量的劳动力，因而加剧了劳动力市场的竞争，受地域、语言、教育等因素影响，新疆少数民族就业能力较低是客观存在的现实。加上经济转型过程中市场化力量对就业优惠政策的弱化，新疆少数民族在就业竞争中整体处于不利地位，因而产业结构的转型升级有可能导致少数民族就业边缘化，使得其就业结构的转型更加困难。

基于以上分析，新疆产业结构升级与少数民族就业结构就有可能存在以下三种可能，一是产业结构转型升级相对缓慢，导致就业结构落后；二是产业结构升级了，但就业结构并未升级；三是产业结构升级了，新疆总体就业结构也升级了，但少数民族的就业结构并未得到改善。

5.2　新疆产业结构的演变

5.2.1　三次产业结构的演变

图5-1反映了新疆三次产业结构40年的演变规律。可以看出，与全国和大多数省份类似，新疆三次产业结构经历了由“一二三型”向“二一三型”“二三一型”和“三二一型”的转变历程，第一产业比重不断下降，第三产业比重不断提高。但新疆产业结构一是落后于全国平均水平，2020年三次产业结构为14.4∶34.4∶51.2，全国为7.7∶37.8∶54.5，第一产业高于全国6.8个百分点。二是转型时间也要晚于全国平均水平，如1992年以前，新疆产业结构类型基本属于“一二三型”，但此时全国早已是“二一三型”。新疆产业结构的另一特点是

第二产业虽然出现反复波动，但其所占比例40年来基本保持不变，1980年第二产业比重为40.3%，至2020年为34.4%，40年总计才提高5.9个百分点。

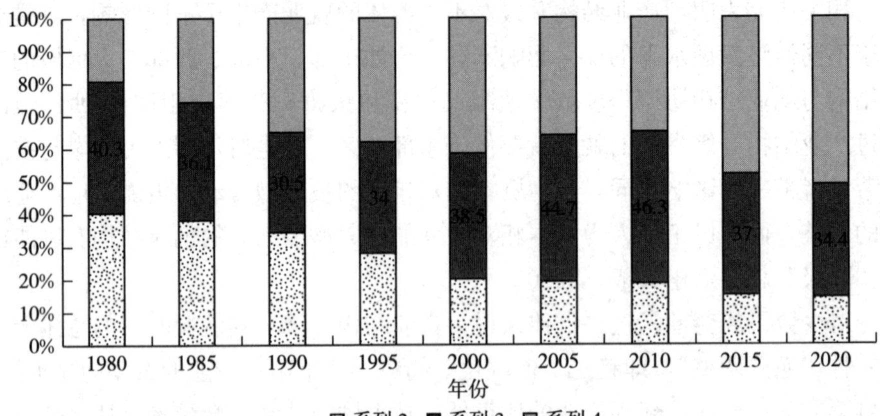

图5-1　新疆三次产业结构的演变

三次产业的总体变动程度可通过产业结构变动度来衡量，计算公式为：

$$V=\sum|S_{it}-S_{i0}| \quad (5-1)$$

其中：V为产业结构变动度。S_{it}和S_{i0}分别为第i产业报告期和基期的比重。图5-2是自1980年以来间隔期为5年的产业结构变动度。新疆产业结构变动度波动很大，其中2010—2015年达到25.8%，主要是该时期第三产业发展迅速，比重从35.0%快速提升至47.9%，第一产业和第二产业分别下降了

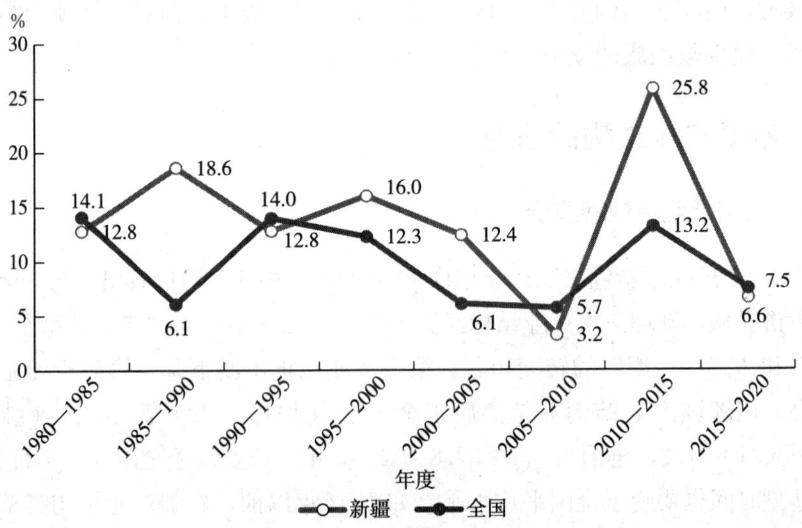

图5-2　新疆与全国产业结构变动度

3.6%和 9.3%。1985—1990 年变动率也较大，也是第三产业迅速发展的结果。与全国相比，1990 年后，新疆产业结构变动度与全国产业结构变动度的演变趋势大致趋同。但产业结构变动度要高于全国，且产业结构变动度的波动幅度也要明显偏高。

5.2.2　行业结构的演变

现有中国统计年鉴总计有 21 类行业的统计数据，但新疆近年来统计年鉴仅有 9 大类行业的统计数据（表 5-1）。数据显示，自 2005 年至 2019 年，农林牧渔业和工业分别下降了 5.68 个百分点和 8.54 个百分点。第三产业中金融业增长最快，从 1.75%提高至 7.47%，其次是批发和零售业，从 2.60%增加至 5.63%。其他行业的比重基本保持不变。与全国相比，新疆虽然金融业与批发零售业比例提升很快，但依然要慢于全国。农林牧渔业比例明显偏高，近年来变动率高于全国，房地产业的比例变动率较低，其他行业结构的变动趋势基本类似。2020 年受新冠疫情影响，工业以及第三产业中的交通运输、仓储和邮政业以及批发和零售业等行业所受冲击最大，与 2019 年相比比重明显下降，间接导致农林牧渔业反而上升了 1.31 个百分点。

表 5-1　新疆行业结构的演变

单位：%

行业	新疆					全国
	2005	2010	2015	2019	2020	2019①
农林牧渔业	19.57	17.10	15.53	13.89	15.20	7.46
工业	36.94	36.38	34.29	28.40	26.33	31.61
建筑业	7.80	8.74	9.36	7.63	8.68	7.16
交通运输、仓储和邮政业	5.75	4.89	5.18	7.01	4.45	4.30
批发和零售业	2.60	5.93	5.94	5.63	4.94	9.70
住宿和餐饮业	5.57	1.46	1.54	1.34	1.04	1.81
金融业	1.75	4.65	5.79	7.47	7.87	7.73
房地产业	3.09	3.35	3.04	3.75	3.89	7.14
其他服务业	16.93	17.50	19.34	24.88	27.60	23.08
合计	100	100	100	100	100	100

① 全国 2021 年统计年鉴最新行业结构数据只更新至 2019 年。

5.3 产业结构与就业结构的协调性

5.3.1 就业-产业结构协调度

衡量两个变量协调程度的常用指标有耦合度和协调度，或将两者结合起来称为耦合协调度，分别用耦合系数、协调系数和耦合协调系数来表示。就业-产业协调系数用来衡量一个国家或地区的就业结构与产业结构协调性，三次产业结构的比例关系与三次产业就业结构的比例关系相似度越高，就业结构与产业结构的协调系数就越高。就业-产业协调系数的计算公式如下：

$$H_{xy} = \sum_{i=1}^{3}(X_i Y_i)\Bigg/\sqrt{\sum_{i=1}^{3} X_i^2 \sum_{i=1}^{3} Y_i^2} \qquad (5-2)$$

其中，H_{xy} 为就业结构与产业结构的协调系数；X_i、Y_i 分别为第 i 产业就业比重和第 i 产业产值比重。H_{xy} 介于 0 和 1 之间，协调系数越大，表明就业结构与产业结构协调性越好。

自 2000 年以来，新疆就业-产业协调系数长期保持在 0.7 以上的水平，且具有缓慢提高趋势，表明新疆就业结构与产业结构逐渐趋于协调。但与全国平均水平相比仍然存在较大差距，一是总体协调度长期低于全国平均水平，二是改善速度也要慢于全国平均水平（图 5－3）。2020 年，新疆就业-产业协调系数达到 0.909，但全国平均水平已达到 0.950。

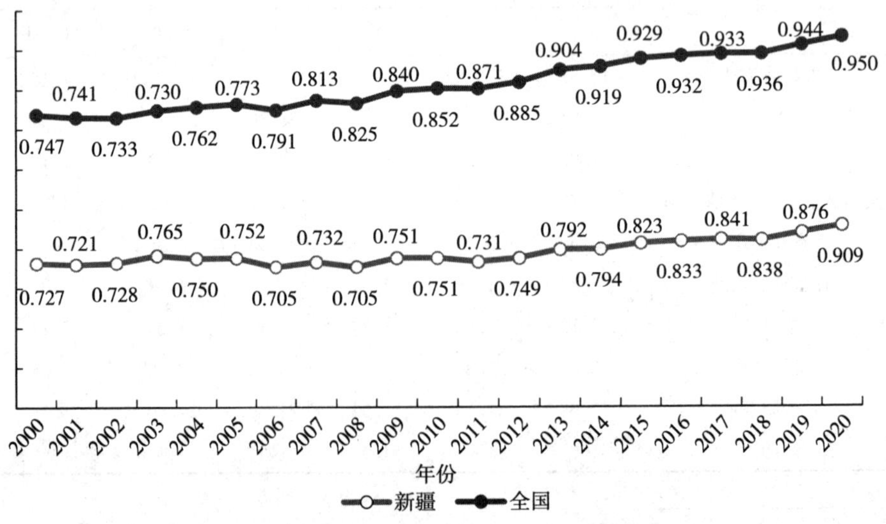

图 5－3 新疆与全国就业-产业协调系数

值得注意的是，协调系数仅能反映出就业结构与产业结构之间的协调程度或差异程度，并不能反映就业结构和产业结构两个变量本身的优劣。因而除按协调系数大小可将两者关系划分为极不协调、不协调、低度协调、中度协调与高度协调外，同时可根据就业结构和产业结构两个指标的高低划分低水平协调、中水平协调和高水平协调。低水平协调意味着两者都低，高水平协调意味着两者都高。根据新疆产业结构与就业结构的实际情况来看，就业结构与产业结构同时处于低水平阶段，即总体上两者依然处于低水平的中度协调状态。

5.3.2　就业-产业结构偏离度

就业-产业结构协调程度的衡量也可用协调系数的逆向指标就业-产业结构偏离度来表示，即劳动力在三次产业就业比重与三次产业产值比重的偏离程度。就业-产业结构偏离度不仅可以衡量就业-产业结构的总体偏离度，同时可以考察单一产业内部的结构偏离度。假设 X_i、Yi 分别为第 i 产业就业比重和第 i 产业产值比重。则就业-产业结构偏离度 D 的计算方法如下：

$$D_i = |X_i - Y_i| \tag{5-3}$$

从总的偏离度来看，由于与就业-产业结构协调度的计算原理一样，因而变化规律也是一致的。从 2000 年至 2020 年，就业-产业结构偏离度 D 越来越小，即就业结构与产业结构的协调程度越来越高。如果分产业考察，第一产业就业-产业结构偏离度虽然有逐渐缩小趋势，但始终最大且为正，表明第一产业就业比例长期高于第一产业产值比例，是全部就业-产业结构偏离的主要原因。第二产业偏离度始终为负，偏离程度相对较大，表明就业比例低于产值比例，即第二产业吸纳劳动力的能力较弱。但第二产业偏离度变动趋势相对较小，同时由于第一产业偏离度逐渐缩小，因而第二产业偏离度逐渐与第一产业持平。除个别年份外，第三产业的偏离度也为负，但其偏离度明显小于第一产业与第二产业，且偏离程度逐渐缩小。至 2020 年，第三产业的偏离程度仅有 0.69，就业比例与产业比例基本平衡（表 5-2）。

表 5-2　新疆 2000—2010 年就业-产业结构偏离度

年份	X_1	X_2	X_3	Y_1	Y_2	Y_3	D_1	D_2	D_3	D
2000	57.68	13.78	28.54	20.1	38.5	41.4	37.58	−24.72	−12.86	75.16
2001	56.64	13.45	29.91	18.4	37.6	44.0	38.24	−24.15	−14.09	76.48
2002	55.86	13.66	30.48	18.0	36.5	45.5	37.86	−22.84	−15.02	75.72

（续）

年份	X_1	X_2	X_3	Y_1	Y_2	Y_3	D_1	D_2	D_3	D
2003	55.07	13.27	31.66	20.8	37.1	42.1	34.27	−23.83	−10.44	68.54
2004	54.17	13.23	32.6	20.2	40.9	38.9	33.97	−27.67	−6.30	67.94
2005	51.54	15.51	32.95	19.3	44.7	36.0	32.24	−29.19	−3.05	64.48
2006	51.06	13.71	35.23	17.0	47.7	35.3	34.06	−33.99	−0.07	68.12
2007	50.3	14.25	35.45	17.0	45.4	37.6	33.30	−31.15	−2.15	66.6
2008	49.71	14.16	36.13	15.6	48.1	36.3	34.11	−33.94	−0.17	68.22
2009	49.35	14.70	35.95	16.6	43.6	39.8	32.75	−28.90	−3.85	65.50
2010	48.97	14.84	36.19	18.7	46.3	35.0	30.27	−31.46	1.19	62.92
2011	48.66	15.63	35.71	16.0	47.4	36.6	32.66	−31.77	−0.89	65.32
2012	48.73	15.61	35.66	16.2	44.9	38.9	32.53	−29.29	−3.24	65.06
2013	46.17	16.31	37.52	15.8	41.5	42.7	30.37	−25.19	−5.18	60.74
2014	45.38	15.97	38.65	15.2	41.3	43.5	30.18	−25.33	−4.85	60.36
2015	44.08	15.16	40.76	15.1	37.0	47.9	28.98	−21.84	−7.14	57.96
2016	43.48	14.36	42.16	15.3	35.8	48.9	28.18	−21.44	−6.74	56.36
2017	40.88	14.42	44.7	13.9	36.7	49.4	26.98	−22.28	−4.70	53.96
2018	40.54	13.60	45.86	13.2	36.4	50.4	27.34	−22.80	−4.54	54.68
2019	36.42	14.08	49.5	13.1	35.3	51.6	23.32	−21.22	−2.10	46.64
2020	33.71	15.78	50.51	14.4	34.4	51.2	19.31	−18.62	−0.69	38.61

5.4 产业结构与少数民族就业的协调性

5.4.1 就业-产业结构协调度

(1) 基于人口普查数据

分民族的就业数据只有人口普查资料才有，图 5－4 是根据“四普”“五普”“六普”数据计算的分民族的就业-产业协调系数。首先，各民族就业-产业结构协调度存在一定差异，但并不明显。汉族协调度最高，其次为回族与蒙古族。从变动趋势来看，各民族就业-产业结构协调度反而是不断降低的。主要原因一是该时期新疆产业结构变动非常缓慢。根据统计数据，1990 年、2000 年、2010 年新疆三次产业结构分别为 34.5∶30.5∶35.0、20.1∶38.5∶41.4 和 18.7∶46.3∶35.0，20 年间第三产业比重几乎没有变化。二是就业-产业结构协调度并不反映就业结构与产业结构的合理性与转型升级速度，只反映两者的匹配程度。如汉族 2010 年就业结构为 32.72∶21.67∶45.61，该时期产业结构为 18.7∶46.3∶35.0，相较于 1990 年 41.00∶32.05∶26.94 的就业结构与 34.5∶30.5∶35.0 的产业结构，三次产业的就业-产业匹配程度确实要低。

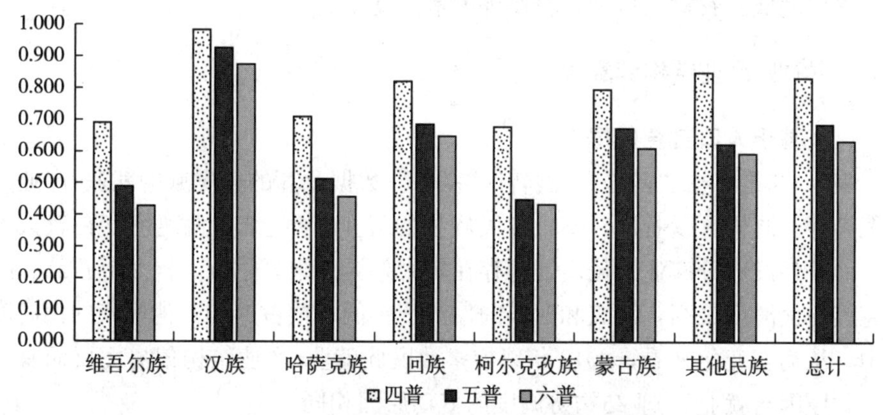

图 5-4　分民族就业-产业结构协调系数

(2) 基于地区差异

根据少数民族人口的地域分布高度集中这一特点，可利用就业-产业结构协调度的地区差异进一步考察少数民族就业结构差异，图 5-5 是根据 2005 年与 2015 年 1%人口抽样调查数据计算而来的分地区就业-产业结构协调系数。根据 2015 年数据，北疆就业产业结构协调度较高，乌鲁木齐、克拉玛依、昌吉、塔城、博州协调系数在 0.8 以上。南疆就业-产业结构协调度普遍偏低，克州和巴州地区的就业-产业结构协调度最低，协调系数不足 0.6。

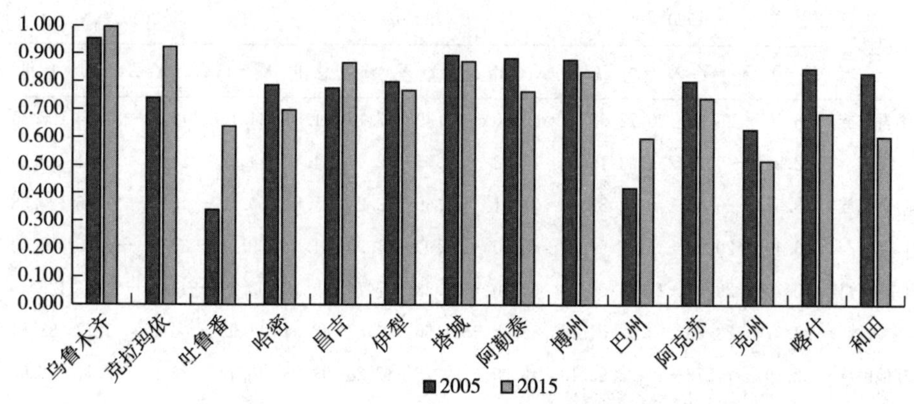

图 5-5　分地区就业-产业结构协调系数

从动态变化来看，北疆的乌鲁木齐、克拉玛依、吐鲁番、昌吉的协调度有所提高，南疆仅巴州协调度有所提高。少数民族人口高度集中的南疆四地州就业-产业结构协调度反而有所降低，这与南疆该区域产业结构变动缓慢、劳动力转移程度低、农村人口增长较快等因素高度相关。

5.4.2 就业-产业结构偏离度

(1) 基于人口普查数据

表5-3是根据“四普”“五普”“六普”数据计算的分民族的就业-产业结构偏离度。同样可以看出，不仅各民族总的就业-产业结构偏离度存在较大差异，而且各民族分产业的偏离度也存在较大差异。维吾尔族、柯尔克孜族、哈萨克族的偏离度最高，汉族和回族的偏离度较低，蒙古族和其他民族的偏离度居中。从动态变化来看，2010年以前多数民族就业-产业结构偏离度反而有所扩大，原因与就业-产业结构协调度的变动原因相同。

分产业来看，少数民族第一产业偏离度普遍较大。2010年维吾尔族、柯尔克孜族、哈萨克族总的结构偏离度分别为128.33%、126.45%和120.38%，其中第一产业偏离度达一半以上，分别为64.16%、63.22%和60.19%。其次是第二产业，偏离度基本在35%～45%。汉族就业-产业结构偏离度的构成变动较大，2000年主要由第一产业引致，但2010年第二产业偏离度达到24.63%，成为就业-产业结构主要构成因素。

表5-3 各民族分产业的就业-产业结构偏离度

单位：%

民族	1990				2000				2010			
	X_1-Y_1	X_2-Y_2	X_3-Y_3	总和	X_1-Y_1	X_2-Y_2	X_3-Y_3	总和	X_1-Y_1	X_2-Y_2	X_3-Y_3	总和
维吾尔族	46.10	−25.39	−20.72	92.21	60.50	−33.39	−27.12	121.01	64.16	−42.48	−21.68	128.33
汉族	2.82	−6.75	3.93	13.50	17.22	−14.75	−2.47	34.44	14.02	−24.63	10.61	49.26
哈萨克族	43.51	−26.69	−16.82	87.01	57.91	−34.69	−23.22	115.81	60.19	−42.73	−17.46	120.38
回族	26.40	−20.90	−5.50	52.80	40.80	−28.90	−11.90	81.60	39.27	−37.01	−2.25	78.53
柯尔克孜族	50.70	−29.33	−21.36	101.39	65.10	−37.33	−27.76	130.19	63.22	−43.04	−20.18	126.45
蒙古族	27.07	−23.60	−3.47	54.14	41.47	−31.60	−9.87	82.94	41.92	−40.15	−1.77	83.84
其他民族	32.59	−21.72	−10.88	65.18	46.99	−29.72	−17.28	93.98	46.42	−36.67	−9.75	92.83
总计	26.94	−17.54	−9.40	53.88	41.34	−25.54	−15.80	82.68	42.61	−35.09	−7.51	85.21

数据来源：“四普”“五普”“六普”数据。

(2) 基于地区差异

表 5-4 是根据 2005 年与 2015 年 1%人口抽样调查数据计算而来的分地区就业-产业结构偏离度。根据 2015 年数据，就业-产业结构偏离度从高到低排名前四位的依次是克州、和田、喀什和吐鲁番，这四个地区恰好也是少数民族人口比例最高的四个地区。就业-产业结构偏离度从低到高排名前三位的依次是乌鲁木齐、克拉玛依和昌吉，这三个地区恰好也是少数民族人口比例最低的三个地区。由此进一步证明，由于人口的民族构成与地域分布高度重合，地域间就业-产业结构偏离度差异就自然转化为民族间就业-产业结构偏离度差异。

表 5-4　分地区就业-产业结构偏离度

地区	2005				2015			
	X_1-Y_1	X_2-Y_2	X_3-Y_3	总和	X_1-Y_1	X_2-Y_2	X_3-Y_3	总和
乌鲁木齐	11.25	−17.72	6.47	35.45	4.38	−5.32	0.94	10.65
克拉玛依	0.51	−42.74	42.23	85.48	10.12	−23.17	13.06	46.34
吐鲁番	57.11	−59.56	2.44	119.11	45.41	−33.97	−11.44	90.83
哈密	33.53	−22.82	−10.71	67.06	33.48	−36.54	3.06	73.08
昌吉	35.91	−25.57	−10.34	71.82	11.63	−25.73	14.10	51.45
伊犁	32.95	−22.35	−10.60	65.90	36.20	−20.39	−15.81	72.40
塔城	26.56	−16.64	−9.93	53.12	26.35	−21.73	−4.63	52.71
阿勒泰	23.34	−19.96	−3.38	46.67	33.69	−27.30	−6.39	67.38
博州	25.33	−5.14	−20.20	50.67	29.55	−19.92	−9.63	59.10
巴州	46.16	−58.24	12.08	116.49	38.00	−43.81	5.81	87.63
阿克苏	40.33	−20.41	−19.92	80.66	40.24	−25.12	−15.12	80.48
克州	51.47	−12.54	−38.94	102.95	56.68	−25.39	−31.29	113.36
喀什	36.16	−13.96	−22.20	72.32	46.75	−24.84	−21.91	93.51
和田	38.17	−11.55	−26.62	76.34	50.07	−8.37	−41.70	100.14

数据来源：2005 和 2015 年 1%人口抽样调查数据。

5.5　本章小结

(1) 新疆产业结构转型升级缓慢导致了就业结构的转型缓慢。新疆第一产业比重明显偏高，第二产业和第三产业发展相对滞后的现状制约了劳动力的非农转移，一定程度上阻碍了就业结构的转型。

（2）就业结构的转型与产业结构的转型并非同步。就业结构与产业结构协调度普遍偏低，主要原因是第一产业的就业-结构偏离度较高，第一产业就业比重远高于第一产业产值比重。

（3）人口较多的维吾尔族、柯尔克孜族、哈萨克族等少数民族的就业结构相对更加落后，就业-产业结构协调度更低，主要表现依然是第一产业就业-产业结构偏离度较高，大量劳动力集中于第一产业，造成了就业结构的相对落后与转型升级的缓慢。

（4）少数民族就业结构落后及就业-产业结构协调度低是由所在地区经济发展水平与产业结构落后导致，由于人口的民族构成与地域分布的高度重合，地域间就业结构差异自然转化为了民族间就业结构差异。

第6章 新疆城镇化、劳动力转移与少数民族就业结构

新疆少数民族农村剩余劳动力数量众多，少数民族就业结构问题集中表现为少数民族农村劳动力转移就业问题，因而加快城镇化、促进农村劳动力转移是优化少数民族就业结构的必由之路。2020年南疆四地州少数民族人口比例高达91.76%，且四分之三为农村人口，曾为国家深度贫困地区“三区三州”之一。同时该区域地理位置偏远、经济发展落后、城镇化程度低、产业结构单一，劳动力转移相对困难。因而本章阐述了城镇化、劳动力转移与就业结构效应的理论关系，分析了少数民族劳动力转移现状与问题，并在此基础上根据南疆四地州的实地调研数据，实证分析了制约少数民族劳动力转移的影响因素。

6.1 城镇化、劳动力转移与就业结构效应

6.1.1 劳动力转移与城镇化

城镇化与劳动力转移看似是两个不同概念，事实上紧密相连。城镇化首先是人的城镇化，农村劳动力由农业流向非农产业、由农村流向城市是城镇化的集中表现形式。特别是城镇化初期，只有通过劳动力转移聚集到一定人口后，城镇化才具有发展与扩张的基础。反过来，由于城镇化可以提供更多的就业机会和舒适便利的生活环境，从而可为劳动力转移创造条件和提供动力。劳动力转移的速度与程度，很大程度上取决于城镇化对人口与劳动力的吸纳程度。而城镇基础设施、生活条件、产业规模、产业结构以及产业竞争力和产业结构的转型升级能力决定了城镇吸纳人口的能力。

6.1.2 城镇化与就业结构

城镇化与就业结构的相互影响同样离不开产业结构，从我国城镇化过程来看，首先是制度性变革提升了第一产业的生产力，从而为农村劳动力向城市转移创造了条件。其次是改革开放引入了劳动密集型产业即制造业，同样为农民

工提供了就业机会。最后是产业结构转型特别是服务业与新兴产业的兴起创造了劳动岗位，第三产业逐渐替代制造业成为吸纳劳动力的主流。城镇化对就业的影响也很明显，一是城镇化创造了消费需求和产品需求，从而带动了第二产业发展，促进了劳动力逐渐从第一产业流向第二产业。二是城镇化创造了服务需求，带动了交通运输、物流快递、金融保险等第三产业的发展，促进了劳动力从第一产业流向第三产业。因此，农村劳动力转移、城镇化进程、产业结构升级与就业结构转型四者相互影响、相互制约，是无法割裂的统一体系（图 6-1）。

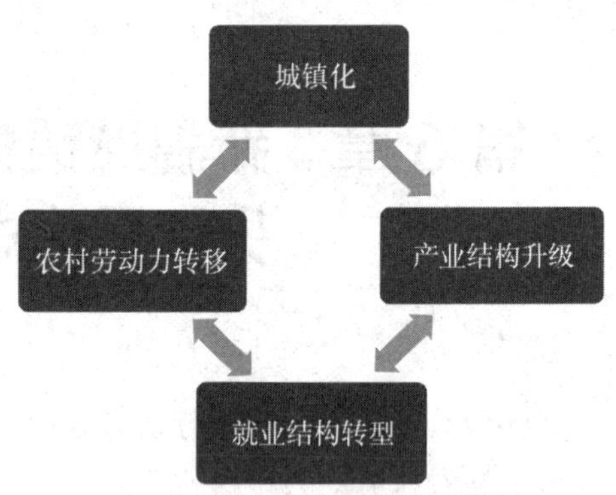

图 6-1　劳动力转移、城镇化与就业结构的关系

6.1.3　劳动力转移与就业结构

根据上述分析，劳动力转移的就业结构效应可以分为两个部分，一是通过地域转移即农村劳动力向城镇转移，在促进城镇化的进程中改变就业结构。二是通过产业转移即劳动力从农业向非农产业转移，在促进产业结构升级的同时促进就业结构的转型，最终表现是第一产业就业人数减少，第二、三产业就业人数增加。劳动力按照三次产业的顺序依次转移的规律已成为共识，如配第-克拉克定律（1691，1940）、库兹涅茨法则（1941）与钱纳里-塞尔奎因模式（1989）都较为系统地阐述了这一原理，刘-拉-费模型（1954，1961，1964）、乔根森模型（1967）、托达罗模型（1969），以及以巴格内（1969）为代表的推拉理论和以斯塔克（1991）为代表的新劳动力迁移理论，也从不同角度阐述了劳动力转移的规律和动因。我国是典型的城乡二元经济结构，基本符合劳动力转移-城镇化加速-产业结构升级-就业结构转型这一基本规律。

6.1.4　少数民族劳动力转移与就业结构

西方传统经济学理论建立在劳动力同质性假设前提下，忽略了少数民族劳动力的异质性特征及其独特的转移规律，因而在如何破解少数民族劳动力转移难题上缺乏理论指导。多数专家认为少数民族因其自身的民族文化、历史传统、生活习惯和社会交往方式差异，转移就业过程中较之汉族面临更多的障碍与困难（丁赛，2012），劳动力转移程度低也是新疆少数民族就业结构相对落后的重要原因。新疆是我国五大少数民族聚居省份之一，少数民族人口比例高达 57.76%（“七普”数据），少数民族劳动力转移影响因素相对复杂。除较低的文化水平（童玉芬，1999，李国和，2009）、个人能力与家庭特征（苏芸，2016）等传统因素外，国家通用语言能力、饮食习惯、较低的流动意愿、转移情感附加成本较高等对少数民族转移就业的影响也是显而易见（涂伟和丁红艳，2014，李光明，2017，祖力亚提·司马义等，2018）。

6.2　新疆城镇化进程与现状

6.2.1　城镇化与人口的城乡分布

新疆人口增长速度历来快于全国平均水平，自 1949 年新中国成立以来至 2020 年末，新疆总人口从 433.34 万人增长至 2 585.23 万人，年均增长率为 2.55%，而全国年均增长率仅为 1.36%。新疆人口快速增长的原因一方面源于人口迁入的快速增长，另一方面主要源于乡村人口的快速增长。

新疆近 20 年来城镇化率逐年提高，从 2000 年的 33.75%提高至 2020 年的 56.53%，提高了 22.78%。城镇化进程也不断加速，“十五”至“十三五”期间城镇化率分别提高了 3.40%、5.64%、4.44%和 9.30%（图 6-2）。但无论是城镇化水平还是城镇化速度，都要低于全国平均水平。2020 年全国常住

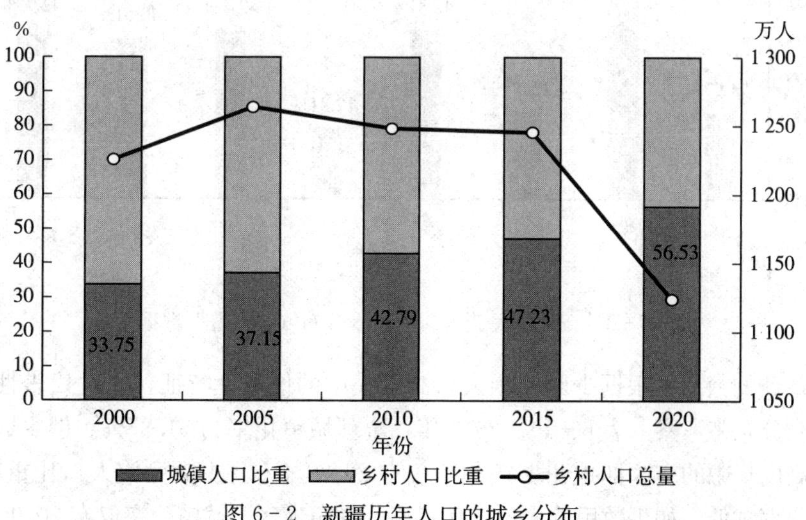

图 6-2　新疆历年人口的城乡分布

人口城镇化率为 63.89%，相较 2010 年提高了 14.21%，相较 2000 年提高了 27.67%。

新疆城镇化相对较低的原因之一是乡村人口增长过快。1949 年新中国成立初期，新疆乡村人口总量为 380.41 万，1978 年达到 911.67 万，至 2009 年达到 1 298.42 万的最高值。2009 年后虽然逐年减少，但 2020 年第七次人口普查结果显示，农村人口仍然高达 1 123.87 万，是新中国成立初期的近 3 倍。而全国 2020 年末乡村人口总量为 50 979 万人，与 1949 年 48 402 万人相比，仅增加了 5.32%。

6.2.2 少数民族人口的城乡分布

新疆少数民族人口城乡分布的详细数据可以从人口普查数据获取，六普数据显示（图 6-3），人口城乡分布的族际差异非常明显。汉族人口的城镇化率最高，达到了 70.28%，柯尔克孜族城镇化率最低，仅为 17.81%，其次为维吾尔族和哈萨克族，分别为 21.97%和 22.07%。回族、蒙古族城镇化率分别为 42.81%和 42.48%，与全疆平均水平基本持平，其他人数较少的民族平均城镇化率为 40.61%，略低于全疆平均水平。

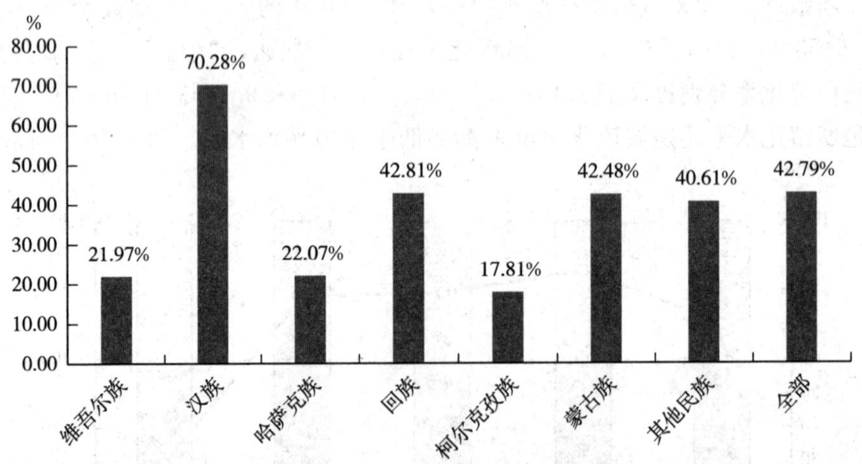

图 6-3 新疆各民族人口的城乡分布（“六普”数据）

最新的数据可根据少数民族人口高度集中的地域性特征，通过代表性地区的城乡分布来考察（表 6-1）。2019 年，全疆城镇化率为 51.87%。但少数民族人口高度集中的南疆四地州城镇化率仅有 28.70%，且少数民族人口比重越高，城镇化率越低，如少数民族人口比例最高的和田地区，城镇化率仅有 20.96%。

表 6-1　南疆四地州人口的城乡分布

地区	总人口（万人）	城镇人口（万人）	乡村人口（万人）	城镇化率（%）
阿克苏	256.44	85.94	170.50	33.51
克州	62.02	15.45	46.57	24.92
喀什	462.40	107.48	354.92	23.24
和田	253.09	53.05	200.04	20.96
总和	1 162.52	333.62	828.90	28.70
全疆	2 523.22	1 308.79	1 214.43	51.87

数据来源：2020 年《新疆统计年鉴》和各地区统计年鉴。

6.3　新疆劳动力转移就业取得的成就

6.3.1　转移就业总量递增

2014 年以来，新疆就业总量由 1 142 万人增加至 2020 年的 1 361.25 万人，年均增长 2.72%，快于同时期 1.98%的人口年均增长率（表 6-2）。六年累计转移就业 1 600 多万人次，其中多数为南疆少数民族农村剩余劳动力。有力缓解了南疆少数民族的就业压力，且完全解决了“零就业”家庭问题，为全面脱贫打下了坚实基础。

表 6-2　新疆转移就业人数

年份	就业总数（万人）	城镇新增就业（万人）	城镇困难人员就业（万人）	转移就业（万人次）
2014	1 142.00	47.00	5.86	—
2015	1 208.48	46.00	5.79	232
2016	1 275.77	45.50	5.78	275
2017	1 321.35	47.56	5.85	275
2018	1 316.92	47.58	5.24	281
2019	1 342.18	48.09	4.91	286
2020	1 361.25	46.11	4.21	315

数据来源：统计年鉴、统计公报与新疆人力资源和社会保障厅。

6.3.2　转移就业途径多元化

在政府组织与引导下，转移就业途径逐渐多元化，转移就业空间进一步拓宽。一是通过“就业车间”“卫星工厂”“产业园”等形式实现就地就近就业。如阿克苏金勺果业、和田地区洛浦县好学郎服饰、喀什地区岳普湖县五指福纺织公司等将生产车间搬到了村，让少数民族在家门口就实现了就业。二是通过疆内跨地区转移就业。包括城乡间转移和地区间转移，城乡间转移就业主要通过产业带动，如南疆近年来纺织业的大力发展吸纳了大量少数民族劳动力。2020 年，为支持和田、喀什、克州最后一批贫困县的脱贫摘帽工作，自治区在东疆、北疆专门为三地州调剂了 5 万个就业岗位。三是通过疆外劳务输出转移就业。疆外劳务输出一直是新疆各地政府解决剩余劳动力的重要途径之一，自治区早在 2006 年专门颁布了《大力发展劳务派遣组织推动劳务输出暂行办法》，虽然这一办法已于 2013 年废止，但各地区的劳务输出工作从未停止。如皮山县 2014 年至 2018 年先后组织跨区域转移就业 7 826 人。

6.3.3 转移就业政策效果明显

近年来新疆对转移就业的重视力度应该是史无前例的，转移就业政策也取得了良好效果。“十三五”期间，依托就业扶贫政策和转移就业奖补政策，自治区先后组织实施了南疆深度贫困地区 3 年 10 万人就业扶贫规划，并超额完成了任务。过去的三年，南疆深度贫困区的 21 万名建档立卡贫困家庭劳动力顺利实现了转移就业，其中喀什、和田地区完成了 13.5 万人的转移就业。2020 年全面脱贫后，多数地方按照“四个不摘”和“八个不变”的要求，确保了转移就业政策的延续性。

6.4 劳动力转移就业存在的问题

6.4.1 转移就业稳定性有待加强

一是各级政府为了完成脱贫攻坚任务，组织安排了大量少数民族拾棉工之类的短期性、季节性工作。这种短期性、季节性工作虽然对提高少数民族收入是有效的，但显然不具有稳定性。二是当前的转移就业工作主要依靠政府组织，弱化了市场配置资源的决定性作用，需要政府长期财政支持，一旦政府政策难以为继，转移就业的稳定性则很难保证。三是村办、乡办企业和车间的经济效益较低，部分地区的卫星工厂和就业车间开工率不足，务工人员工资收入普遍较低，随着人们生活水平的要求提高，少数民族剩余劳动力就业意愿可能降低，一定程度上也影响了就业的稳定性。

6.4.2 转移就业结构有待优化

从数量上看，近五年平均每年转移就业总量达到 280 多万人次，成绩非常突出。但从转移就业的结果来看，就业结构比较单一，也相对落后。一是大量劳动力依然停留在农业。劳动力转移的本意是从农业转向非农业，从乡村转向城市，但政府机构在统计数字时泛化了劳动力转移概念，将大量并没有脱离农业和农村的劳动力也统计在内，如少数民族异地拾棉工都被统计在内。且由于是短期，同一劳动力一年内理论上还可被统计几次，从而人为扩大了转移就业数据。二是根据实地调研情况，受文化程度低、国家通用语言水平低等因素限制，转移至非农产业的少数民族劳动力主要从事一些技术含量较低的工作，如纺织、制衣、制鞋、餐饮、玩具组装等，2017 年至 2019 年全疆新增就业中就有 35 万人流向了纺织服装业。

6.4.3 转移就业收入有待提高

一是就业结构落后导致收入较低，部分少数民族从事的是第一产业，收入相对较低，且多为季节性就业，闲置时间较长，收入很不稳定。部分从事技术含量较低的非农工作的少数民族，工资收入同样较低。二是“村办企业”“乡办企业”“就业车间”“卫星工厂”等企业，规模小、效益低，且同样存在季节性，工资标准低且稳定性不强。如喀什地区岳普查湖 2021 年卫星工厂就业的农民工月均收入仅 1 200 元。和田地区构建了“县有龙头企业、乡有规模企业、村有卫星工厂、户有小作坊”四级构架体系，看似完美，也临时解决了部分剩余劳动力的就业。但问题也很明显，既违背了规模经济规律，经济效益很难保证，又要依靠政府扶持，因而工资收入也没法提高。

6.5 新疆少数民族劳动力转移就业影响因素：以南疆四地州为例

6.5.1 南疆四地州概况

天山以南，昆仑山以北，称之为南疆。南疆包括五地州，即巴州、克州、阿克苏地区、喀什地区与和田地区，由于巴州无论是经济发展水平，还是地理位置、资源禀赋、人口结构等均与其他四地州具有明显差异，因而理论界在研究南疆问题时，习惯于将巴州排除在外，称为南疆四地州。有时也将经济发展水平略好，民族人口比例略低的阿克苏排除在外，称为南疆三地州。

南疆四地州包括29个县和7个县级市，其中阿拉尔市、图木舒克市、昆玉市为自治区直辖县级市，隶属新疆生产建设兵团管理。29个县中塔什库尔干塔吉克自治县为自治县。表6-3为南疆四地州县（市）分布情况。

表6-3 南疆四地州县（市）分布情况

地州	县（市）
阿克苏地区	阿克苏市 温宿县 库车县 沙雅县 新和县 拜城县 乌什县 阿瓦提县 柯坪县 阿拉尔市
克孜勒苏柯尔克孜自治州	阿图什市 阿克陶县 阿合奇县 乌恰县
喀什地区	喀什市 疏附县 疏勒县 英吉沙县 泽普县 莎车县 叶城县 麦盖提县 巴楚县 伽师县 岳普湖县 塔什库尔干塔吉克自治县 图木舒克市
和田地区	和田市 和田县 墨玉县 皮山县 洛浦县 策勒县 于田县 民丰县 昆玉市

南疆四地州不仅是少数民族人口高度集中地区，同时历史上还是国家深度贫困地区，地理位置偏远、经济发展落后、城镇化程度低、产业结构单一，劳动力转移难度非同一般。根据2020年统计年鉴数据，南疆四地州中的和田、喀什、克州和阿克苏人均GDP分别排名倒数第1、倒数第2、倒数第3和倒数第5位。而少数民族人口比例却恰恰相反，分别排名顺数第1、第2、第3和第5位，四地州少数民族人口占该区域总人口的91.76%。城镇化水平也远低于全疆平均水平，农村人口比例高达75.56%，远高于全疆同期49.09%的比例。虽然近年来自治区政府对该区域劳动力转移给予了高度关注，但农业劳动力剩余现象依然明显（王兆萍和冯莉，2019），转移就业工作仍然任重道远。南疆四地州社会经济基本情况见表6-4。

表6-4 南疆四地州社会经济基本情况

地区	人均GDP（万元）	排名	少数民族比例（%）	排名	城镇化率（%）	排名	产业结构（%）	排名
阿克苏	4.77	10	81.44	5	33.51	11	77.4	12
克州	2.57	12	93.71	3	24.92	12	88.7	4
喀什	2.27	13	93.99	2	23.24	13	71.8	13
和田	1.49	14	97.15	1	20.96	14	81.8	10

数据来源：2020年统计年鉴。

注：①产业结构是指非农产业即第二产业与第三产业之和占GDP比重；②排名是指新疆十四个地州市按从高到低顺序排名。

6.5.2 调研方案与问卷内容

(1) 调研方案

课题组于2019年2月至2020年5月对南疆各地陆续进行了实地走访，调查地点涉及和田地区墨玉县、洛浦县，喀什地区岳普湖县、塔什库尔干塔吉克自治县、伽师县，克州阿合奇县、阿克陶县，阿克苏地区乌什县、温宿县等9个县（市）21个乡42个村，以及新疆生产建设兵团所属6个团场12个连队。同时考察参观了阿拉尔市、图木舒克市、昆玉市和地方各县的部分企业。调查方式主要有座谈会、面对面访谈和问卷调查等。一是与调研单位协商组织座谈会，或与单位领导及负责转移就业工作的工作人员访谈，初步了解调研单位的基本情况。包括经济发展、家庭收入、人口与劳动力数量等基本要素，以及当地劳动力转移与就业的相关政策与措施。二是深入农村家庭与城镇企业，对农户与企业农民工发放问卷，均以家庭为调查单位。总计发放问卷1 100份，收回整理有效问卷1 017份。

(2) 问卷内容

问卷内容主要分为四个部分，第一部分内容为家庭人口与劳动力结构，了解被调查者家庭人口、劳动力与转移就业等基本情况。第二部分是受访者及家庭其他情况。包括受访者性别、年龄、教育、健康、就业等基本个人信息，以及家庭耕地面积、作物种类、要素投入、经营收入等，这些同样是影响劳动力转移的重要因素。第三部分是受访者转移就业详细情况，包括转移就业人员的就业经历、就业渠道、就业地点、收入水平、职业培训，以及转移就业中面临的困难和与转移就业相关的其他情况。同时调查没有转移就业的受访者的务工意愿与原因。第四部分是受访者转移就业观念及其对转移就业政策了解程度，包括就业观念、就业压力、职业兴趣、政策期望等。

6.5.3 调查结果分析

(1) 调查对象概况

此次调查的1 017户家庭中，其中维吾尔族家庭762户，柯尔克孜族家庭113户，塔吉克族家庭105户，回族等其他民族家庭37户。1 017户家庭中，曾为贫困户的家庭有385户，占比37.86%。涉及总人口3 936人，其中劳动年龄人口2 431人，扣除重病、残疾和在读学生外，有效劳动力总数为2 012人。其中劳动力的平均年龄为38.52岁，受教育程度较低，正规教育多数为初中及以下水平。家庭人均收入平均为15 214元。其中农业经营收入占比

25.89%，工资性收入占比 48.13%，土地租金、分红等财产性收入为 1.97%，转移性收入占比 22.95%，其他收入来源为 1.06%，22.95%的转移收入中有 16.45%来源于政府补贴[①]。家庭人均收入差距较大，最大值为 18.34 万元，最小值只有 0.475 万元，中位数为 13 508 元，明显低于平均数。

(2) 转移就业情况

调研对象中有打工经历并获得了稳定收入的有 378 人，其中务工 6 个月以上的有 178 人。就业渠道以政府组织为主，378 人中有 152 人由政府组织安排。1 017 户家庭中，政府通过就业车间、卫星工厂等形式安排了就近就地就业 440 人次，另有 227 人获得了护林员、护边员、护路员等公益性岗位，公益性岗位收入是工资性收入的重要来源，少数民族家庭收入也因此得到快速增长。除此之外，政府组织了各种形式的学习与培训，提升了少数民族转移就业能力。特别是针对贫困家庭，愿意参加技能培训的 1 389 人中有 1 185 人得到了语言、技能等不同内容的培训。

(3) 转移就业意愿

调查结果发现，没有外出打工经历的 639 名被调查者中，其中有 214 人选择了愿意外出打工，没有外出打工的原因主要有担心语言能力太差不敢外出、没有合适工作、缺少相关就业信息找不到工作等。有 425 人选择了不愿意外出打工，不愿意的理由按人数依次有家有老人、病人和小孩需要照顾以及生活习惯、不愿离开家乡、缺少就业信息、农活较多没有闲暇时间等。

6.5.4 模型选择与变量选取

(1) 模型选择

本书以“是否转移”和“是否愿意转移”作为解释变量，因为属于典型的离散型限值变量，因而 Logistic 模型是首选模型。Logistic 回归的基本原理是研究因变量 Y 取某个值的概率 P 与自变量 X 的数量关系。按因变量取值个数，Logistic 回归可分为二分类 Logistic 回归与多分类 Logistic 回归。本书的解释变量只有“0”和“1”两个值，因而选取二分类 Logistic 回归模型。

以“是否转移”模型为例，假设已经转移的概率为 P，则有：

$$\ln \frac{P}{1-p}=\alpha_0+\alpha_1 X_1+\alpha_2 X_2+\cdots\cdots+\alpha_n X_n \qquad (6-1)$$

① 由于分批调研，问卷存在跨年度，部分家庭收入为 2018 年，部分家庭收入为 2019 年，本书中收入并非研究重点，因此合并处理并不影响研究结论。

（2）变量选取

影响劳动力转移的因素可分为宏观与微观两个视角，从宏观视角来说，经济发展水平、产业结构、城镇化水平、人力资本、城乡收入差距、劳动生产率、经济制度与就业政策等都是不可忽视的变量。本书根据调研数据，从个体特征、家庭特征、农业资源与生产特征等微观视角选取变量。

个体特征：个体特征和个人能力是影响转移能力的重要因素。一般认为，年轻劳动力较老年劳动力在劳动力转移过程中更具有竞争力，年轻一代劳动力进城安家落户的愿望也明显强于老一代。另外，男性劳动力较女性劳动力更易于从农业转向非农业，受“男主外、女主内”传统思想影响，少数民族性别选择性特征更为明显。同时有研究表明，不管是男性还是女性，结婚后家庭责任或家庭束缚对劳动力外出务工的影响也很明显（赵卫红等，2012，王智波和李长洪，2016）。伴随技术进步与产业结构升级，非农产业对劳动力质量提出更高要求，因而劳动力的受教育水平和知识结构，以及劳动力的健康状况对非农转移能力的影响也是显而易见。关于劳动力选择性转移即年轻劳动力、男性劳动力、身体好的劳动力、有知识的劳动力更易于转移的观点也得到了郭剑雄（2012）等人的实证证明。但也有研究表明，正规教育的劳动力转移效应要小于技能培训等非正规教育的效应（Zhao Yaohui，1999，Denise Hare，1999）。南疆四地州92%为少数民族，少数民族的国家通用语言能力是影响转移就业至关重要的因素。

基于以上分析，个体特征中选取年龄（*age*）、性别（*gen*）、受教育年限（*edu*）、语言能力（*lag*）、健康状况（*hea*）、是否结婚（*mar*）、是否参与培训（*tra*）等7个变量。

家庭特征：劳动力是否转移不仅是单个劳动力的行为，而且是家庭集体决策行为，是家庭追求利益最大化或者应付风险的理性选择（Stark，1991）。家庭人口数量与结构是影响劳动力转移的首要因素，人口众多的家庭迫于生活压力更易于外出务工，劳动力较少的家庭忙于农业生产有可能无暇外出打工。不仅如此，家庭还可根据利益最大化原则优化家庭劳动力配置（欧阳金琼，2015），从而形成“半工半农”或“忙时务农、闲时务工”的兼业模式。家庭经济情况也是影响劳动力转移的重要因素，高收入家庭的劳动力转移能力较强，而低收入家庭劳动力转移动力较大。当然，不同的收入来源对劳动力转移的影响存在较大差别，农业收入比重高的高收入家庭可能更愿意从事农业生产，转移意愿相对较弱，非农收入比重高的高收入家庭的转移意愿则相对较强。此外，户主作为家庭行为的主要决策者，其个体特征对劳动力转移会存在一定影响，但考虑到本次调研对象中有相当一部分本人就是户主，为避免回归过程中的序列相关性，本书暂不考虑户主个体特征因素。家庭所在地与城镇距离远近对劳动力转移的影响也不容忽视。由于南疆 2020 年前多数县、乡、村属于贫困县、乡、村，贫困户数量众多，为了考察就业扶贫政策对劳动力转移的影响，增加“是否属于贫困户”变量。

基于以上分析，家庭特征中选取家庭人口数量（*pop*）、劳动力数量（*lab*）、人均收入（*inc*）、收入结构（*str*）、地理位置（*loc*）、是否有老人或小孩需要照顾（*car*）、是否贫困户（*pov*）等 7 个变量。

农业资源与农业生产特征：耕地数量对于劳动力转移的影响相当明显，耕地越多，需要越多的劳动力，但如果用农业机械替代了劳动力，则可以节约更多的劳动力。种植结构与劳动力转移的关系是近年来的研究热点之一，劳动力转移后农业劳动力减少、劳动力成本上升会促进种植结构的转型，反过来，不同种植结构对劳动力的需求也存在较大差异，比如苹果的劳动力投入数量与同等种植规模的机采棉相比相对要多。

因此，选取人均耕地面积（*lan*）、农业机械化程度（*mac*）、农产品种类（*cro*）等 3 个变量反映农业资源与农业生产特征。根据国家标准，农业机械化程度由农机装备水平、农机作业水平和农机社会化服务水平构成，根据数据可获得性原则，我们选取农机装备水平，即农业机械的资产原值来表示，农产品种类多样化的家庭以主要农产品种类为准。

其他变量：南疆四地州的劳动力数量与结构、农业资源与种植结构、经济发展与产业结构都存在较大差异，因而在模型中引入地区虚拟变量（*Zon*），并按人均 GDP 从小到大赋值。另外，样本中有部分调查对象属于兵团户籍，由于新疆生产建设兵团与新疆其他地区存在较大的体制性差异，因而在模型中纳入“兵地属性”虚拟变量（*bdp*）。

由于南疆四地州人口的民族结构相对单一，97%的少数民族为维吾尔族。且地域分布高度集中，如柯尔克孜族集中于克州，塔吉克族集中于喀什地区塔什库尔干塔吉克自治县。地区差异事实上已经包含了民族差异，因而在设置了地区虚拟变量后，不再设置民族属性变量。部分学者另选取务工收入、转移就业途径、转移就业地点等变量（苏荟，2016），因为这些变量的前提是调查对象已经实现了转移就业，将其作为“是否转移”或“是否愿意转移”的影响因素显然不合理。表 6-5 为变量定义与赋值。

表 6-5　变量定义与赋值

	变量名称	变量设置		变量名称	变量设置
因变量	是否转移（Y_1）	否=0，是=1	因变量	转移意愿（Y_2）	不愿意=0，愿意=1
个体特征	性别（*gen*）	女=0，男=1	家庭特征	家庭人口（*pop*）	实际人口数量
	年龄（*age*）	16～25 岁=1，26～35 岁=2，36～45 岁=3，46～60 岁=4		劳动力数量（*lab*）	劳动力人数/总人数
	文化程度（*edu*）	小学以下=1，初中=2，高中（含职业教育）=3，大专=4，本科及以上=5		照顾老人或小孩（*car*）	不需要=0，需要=1
	婚姻状况（*mar*）	未婚=0，已婚=1		收入结构（*ins*）	非农收入/总收入
	国家通用语言水平（*lag*）	听不懂=1，能听说，不熟练=2，熟练听说和交流=3，熟练听说且能认读=4，熟练听说且会读写=5		地理位置（离最近县城距离 *loc*）	10 公里以内=1，10～20 公里=2，20～50 公里=3，50 公里以上=4
	参加培训（*tra*）	未参加=0，参加过=1		是否贫困户	是=0，不是=1
	健康情况（*hea*）	很不好（有重大疾病）=1，不太好=2，一般=3，健康=4，非常好=5		人均收入（*inc*）	0.5 万元以下=1，0.5 万～1 万元=2，1 万～2 万元=3，2 万～3 万元=4，3 万元以上=5
农业生产	人均耕地面积（*lan*）	0.5 公顷以下=1，0.5～1.0 公顷=2，1.0～2 公顷=3，2 公顷以上=4	其他变量	地区（*zoc*）	和田=1，喀什=2，克州=3，阿克苏=4
	农业机械化（*mac*）	农机装备价值/耕地面积：0.5 万公顷以下=1，0.5 万～2 万公顷=2，2 万～5 万公顷=3，5 万公顷以上=4		兵地属性（*bdp*）	地方=0，兵团=1
	农产品种类（*cro*）	棉花=1，红枣=2，苹果=3，梨子=4，畜牧业=5，其他=6			

(3) 变量的描述性统计

表 6-6 为各变量的描述性统计，为了满足逻辑回归的要求和分类比较各变量对转移就业的影响，各变量均按一定标准换算成了分类变量。

表 6-6 变量的描述性统计

变量名	平均值	标准差	最大值	最小值	变量名	平均值	标准差	最大值	最小值
Y_1	0.373	0.233	1	0	Y_2	0.335	0.140	1	0
gen	0.523	0.249	1	0	*pop*	3.773	1.610	10	1
age	3.542	1.263	4	1	*lab*	0.534	0.361	1	0
edu	2.312	0.653	5	1	*car*	0.251	0.167	1	0
mar	0.676	0.219	1	0	*inc*	2.901	2.623	5	1
lag	2.946	1.635	5	1	*ins*	0.741	0.255	1	0
tra	0.639	0.231	1	0	*pov*	0.425	0.211	1	0
hea	3.779	3.404	5	1	*loc*	2.588	3.300	1	4
lan	2.245	1.769	4	1	*zone*	2.563	1.321	4	1
mac	1.892	1.237	4	1	*bdp*	0.177	0.142	1	0
cro	1.732	1.023	4	1	—	—	—	—	—

6.5.5 转移就业回归结果

(1) 总体情况描述

表 6-7 是运用 stata 15.0 运算的逻辑回归结果。对数似然比为−561.45，卡方检验值为 161.73，且有 Prob＞chi2＝0.000，方程通过了显著性检验。

所有变量中，有农业种植结构、家庭收入结构和兵地属性三个变量的回归系数未通过显著性检验，表明与劳动力转移关系并不明显。种植结构与劳动力转移关系不明显可能与新疆同一区域的种植结构存在趋同性有关，而区域间的差异已在区域虚拟变量中体现。家庭收入结构不显著可能是收入结构差异是“是否转移”的结果，但其对转移就业的反向影响并不明显，即家庭收入结构并非转移的原因。兵团相对地方虽然具有较强的组织优势，转移就业问题相对容易解决，但是由于人口较少，耕地较多，劳动力过剩问题并不明显，加上近年来“兵地融合”深入推进，兵团各师市吸纳了大量地方少数民族劳动力，因而缓解了兵、地间转移就业程度的差异，导致“兵地”属性这一变量对转移就业数量的影响也不显著。

其他变量均通过了显著性检验，从回归系数的显著性程度来看，个体特征中的健康状况（*hea*）、语言能力（*lag*）、受教育程度（*edu*）、家庭特征中劳动力数量（*lab*）、离城镇距离（*loc*），以及其他变量中的地区虚拟变量（*zon*）对劳动力转移的影响最为明显。从回归系数大小与发生比 odds 的大小来看，个体特征中的语言能力（*lag*）、健康状况（*hea*）和性别（*gen*），家庭特征中的是否贫困户（*pov*），离城市距离（*loc*）和劳动力数量（*lab*）对劳动力转移的影响程度较大。

（2）个体特征回归结果

回归结果发现，南疆劳动力选择性转移现象也相当明显，男性劳动力较女性容易转移，年轻劳动力较年老劳动力容易转移，受教育程度高、未婚青年、健康状况良好的劳动力易于转移。比如男性劳动力转移的比率是女性的 1.13 倍，年龄每高一个梯度，转移概率平均下降 5.65%，受教育程度每提高一个层次，转移概率平均提高 20.46%。语言能力是制约少数民族非农转移的重要因素，语言能力每提升一个层次，转移就业的概率提升 35.09%。技能培训对转移就业也产生了重要影响，受过技能培训的劳动力转移概率提升了 18.64%。

（3）家庭特征回归结果

家庭特征中家庭人口、劳动力比例、人均收入水平对劳动力转移产生了正向影响。家庭人口数量每增加 1 个，转移概率增加 31.39%，家庭劳动力比例每提高 1%，转移就业概率提高 0.87 个百分点。人均收入水平每上升一个梯次，劳动力转移概率提升 24.83%。家庭离县城距离远近是影响转移就业的重要因素，与最近县城的距离每增加一个梯次，转移概率平均下降 23.23%。新疆地域辽阔，地理距离不仅增加了转移就业成本，而且影响了信息的传输与少数民族思想观念的改变，距离城市越远，离现代文明的距离就越远，转移就业就越有难度。家有老人、病人和小孩需要照顾的家庭转移就业概率也要比不用照顾老人、病人和小孩的家庭低 19.93%。非贫困家庭比贫困家庭的转移就业概率反而要低 9.73%，看似与家庭收入变量的回归结果矛盾，事实上与南疆特殊环境有关。不含兵团所属 4 个县级市，南疆 42 个县在 2014 年时有 35 个贫困县，为了从根本上彻底解决贫困问题，政府针对贫困家庭劳动力技能培训、就业安排的支持力度是史无前例的，因而贫困家庭劳动力转移就业比率略高于非贫困家庭也实属正常。

(4) 其他变量回归结果

其他变量中耕地面积（*lan*）、机械化程度（*mac*）和地区虚拟变量（*zon*）均通过了显著性检验。人均耕地面积越大，转移就业概率越低，耕地每增加一个梯次，转移就业概率下降 8.88%。机械化程度每增加一个梯次，转移就业概率提高 18.98%。新疆各地区社会经济存在较大差异，转移就业政策的力度与效果也不同，因而地区虚拟变量的显著性非常明显。转移就业 Logistic 回归结果见表 6-7。

表 6-7 转移就业 Logistic 回归结果

var.	coef.	Z	odds	var.	coef.	Z	odds
gen	0.124 9	1.65	1.133 0	*pop*	0.273 0	3.13	1.313 9
age	−0.058 1	−2.49	0.943 5	*lab*	0.008 6	10.73	1.008 7
edu	0.186 1	2.89	1.204 6	*car*	−0.209 8	−1.67	0.810 7
mar	−0.038 5	−1.74	0.962 2	*loc*	−0.264 4	−6.42	0.767 7
lag	0.300 8	3.31	1.350 9	*inc*	0.221 8	2.95	1.248 3
tra	0.170 9	2.12	1.186 4	*ins*	0.032 1	1.17	1.032 6
hea	0.208 4	3.93	1.231 7	*pov*	−0.102 3	−2.12	0.902 7
lan	−0.093 0	−2.16	0.911 2	*zon*	−0.120 1	−6.73	0.886 9
mac	0.173 8	1.89	1.189 8	*bdp*	−0.226 0	−1.05	0.797 7
cro	0.087 2	0.93	1.091 1	*_cons*	−2.325 2	−7.82	—
Logl	−561.45	LR chi2	161.73	Prob>chi2	0.000 0	Pseudo R^2	0.425 9

6.5.6 转移意愿回归结果

为了探寻其他劳动力未能转移的原因，有必要进一步分析该部分劳动力的转移就业意愿及其影响因素。选取的模型同样为二元 Logistic 模型，根据变量之间的理论与逻辑关系，以及试回归结果，在“是否转移就业”的模型基础上，对变量体系进行了简化，最后保留了 12 个变量。

回归结果发现，多数变量对“转移就业意愿”的影响方向与“是否转移”模型一致。个体特征变量中，男性劳动力比女性劳动力的就业意愿高出 27.77%，年龄每增加一个梯次，就业意愿平均降低 13.77%。已婚劳动力的就业意愿相当于未婚劳动力的 82.91%，受教育程度每提高一个梯次，转移就业意愿提高 32.43%；语言能力每提高一个梯次，转移就业意愿提升 14.95%；

健康状况每提升一个梯次，转移就业意愿平均提高 28.49%，参与过技能培训者的就业意愿平均提高 28.49%。家庭特征变量中，家庭人数每增加 1 个，转移就业意愿平均提高 25.08%，劳动力比例每增加 1%，转移就业意愿提高 3.34%。有老人、小孩、病人的家庭劳动力转移就业意愿降低了 15.62%。

地区虚拟变量、家庭平均收入、是否贫困三个变量对转移就业意愿的影响方向与“是否转移”模型相反。由于地区变量是按经济发展水平从低到高赋值，回归系数为正意味着经济发展水平越高的地区转移就业意愿越高。家庭平均收入回归系数为负意味着收入水平越高转移就业意愿反而越弱，可能的原因是转移意愿的样本不包括已具有转移经历的劳动力，收入高的家庭可能是承包了较多的耕地、组织或加入了合作社、购买了社会化服务的农机设备或参与了其他经营，不用转移也可以获得较高收入。贫困家庭变量的回归结果也与预期相反，贫困家庭劳动力的转移就业意愿要低于非贫困家庭，这与多数贫困家庭地处偏远地方，转移就业观念相对落后有关。表 6－8 为转移就业意愿 Logistic 回归结果。

表 6－8　转移就业意愿 Logistic 回归结果

var.	coef.	Z	odds	var.	coef.	Z	odds
gen	0.245 1	1.97	1.277 7	*lan*	−0.321 4	−2.94	0.725 1
age	−0.148 1	−1.96	0.862 3	*pop*	0.223 8	3.76	1.250 8
edu	0.280 9	3.95	1.324 3	*lab*	0.032 9	5.73	1.033 4
mar	−0.187 4	−2.43	0.829 1	*car*	−0.169 8	−1.67	0.843 8
lag	0.139 3	10.68	1.149 5	*loc*	0.117 5	5.42	1.124 6
tra	0.250 7	6.12	1.284 9	*inc*	−0.121 8	−1.69	0.885 4
hea	0.204 2	2.93	1.226 6	*pov*	0.187 2	1.76	1.205 9
_cons	−2.276 2	−7.82	0.102 6	—	—	—	—
LR chi2（12）	231.73	Prob>chi2	0.000 0	Log l	−442.32	Pseudo R^2	0.401 2

6.6　本章小结

（1）少数民族人口集中地区人口城镇化水平较低是新疆少数民族就业结构相对落后的重要原因之一，其中南疆四地州是少数民族农村剩余劳动力最为集中地区，劳动力转移就业任务非常艰巨，因而加快少数民族人口集中地区的城镇化进程，促进少数民族人口和劳动力的非农转移，是优化少数民族就业结构的重要途径之一。

（2）近年来政府针对南疆少数民族农村劳动力转移给予了高度重视和最大程度的扶持与帮助，劳动力转移就业取得了一定成效。但仍然存在就业稳定性不强、就业结构不优、就业收入不高等情况。

（3）受教育程度、语言能力是制约少数民族劳动力非农转移的重要因素，技能培训对促进劳动力转移的作用也相当明显。因而进一步加大南疆四地州教育投入，普及国家通用语言，加强职业技能培训，是促进劳动力非农转移、优化就业结构的必由之路。

（4）就业观念对少数民族转移就业的影响也不容忽视，家庭位置越偏远、家庭收入越低的劳动力转移就业意愿反而越低，且少数民族转移就业过多依赖于政府主导与扶持，市场适应能力普遍偏低。因而继续发挥政府的宣传与示范引领作用，改变少数民族转移就业观念，逐步提升少数民族转移就业市场能力，也是优化少数民族就业结构的必要途径之一。

第 7 章　新疆生育政策、人口结构与少数民族就业结构

人口数量、人口质量与人口结构不仅会对就业产生直接影响，同时可通过影响消费结构、产业结构及经济发展而对就业产生间接影响。新疆地域辽阔，人口的空间分布结构及其演变对就业结构的影响更大。新疆又是多民族聚居地区，人口民族结构的发展与变化，对就业的族际结构也会产生直接影响。为了缓解总生育率下降趋势积极应对人口老龄化，改善人口结构保持人力资源禀赋，2021 年 6 月，政府调整了生育政策，提倡与鼓励“三孩”政策，并要求各省根据当地人口与资源实际，依法组织实施①。生育政策的调整将对新疆人口结构、人口的民族结构以及少数民族就业结构产生更大影响。本章从新疆人口数量与人口民族结构的现状与演变入手，探讨生育政策、人口结构对新疆少数民族就业结构的影响，在国务院颁布与实施“三孩”生育政策之际，为自治区政府适时调整生育政策、人口政策和就业政策提供理论参考。

7.1　生育政策、人口结构影响就业的原理

7.1.1　通过改变劳动力数量影响就业

无论是鼓励生育还是限制生育的政策，一般都会提高或降低生育水平，否则生育政策就是失效的。生育水平的变化带来的直接效应就是人口数量的变化，从而增加或减少劳动力的供给。按照传统市场经济理论，在其他条件都不变的条件下，劳动力供给的增加一般会加剧劳动力之间的竞争，从而降低就业率。反之，劳动力供给的减少，会加剧劳动力需求方的竞争，从而提高就业率。但经济规律并非如此简单，如果人口数量或劳动力数量的增加创造了人口红利，即刺激了经济发展，或伴随技术进步衍生出更多新产业形态和新就业形

① 中国政府网：《中共中央 国务院关于优化生育政策促进人口长期均衡发展的决定》。

态，则就业水平反而有可能提高。

7.1.2 通过改变劳动力质量影响就业

由于不同群体的生育意愿存在差异，即使无差别的生育政策也会影响人口或劳动力的质量与结构。比如全面二孩政策实施以来，东、中、西部不同发展水平的政策效果差异较大（陈海龙和马长发，2020），由于农村居民的生育意愿比城镇居民强，因而农村人口的增速依然快于城镇。甚至有研究表明，虽然当前生育政策消除了城乡差异，但由于政策执行力度等问题，实际的城乡生育差异依然存在。由此可见，生育政策通过影响劳动力的城乡结构与民族结构等，进而对劳动力质量产生重要影响，最终影响就业（图 7－1）。同样，对少数民族实施宽松的生育政策容易导致少数民族人口快速增长，降低少数民族人均受教育机会，影响少数民族劳动力质量与劳动力就业选择能力，最终影响少数民族就业与就业结构。

7.1.3 通过改变劳动力结构影响就业

生育政策对人口结构和空间布局都会产生重要影响，历史上城乡差异的生育政策导致农村人口增长速度快于城镇人口，不仅影响了我国的城镇化进程，同时阻碍了人口或劳动力质量的提升。由于从出生到成年有一个时间过程，生育政策的变化会影响未来某段时期劳动力数量的变化，因而生育政策的调整还会通过人口年龄结构影响不同时期的劳动力供给数量。如我国历史上长期实行较为严格的计划生育政策，不仅导致了现阶段我国人口的老龄化，劳动年龄人口比例也随之下降，即人口抚养比不断上升。

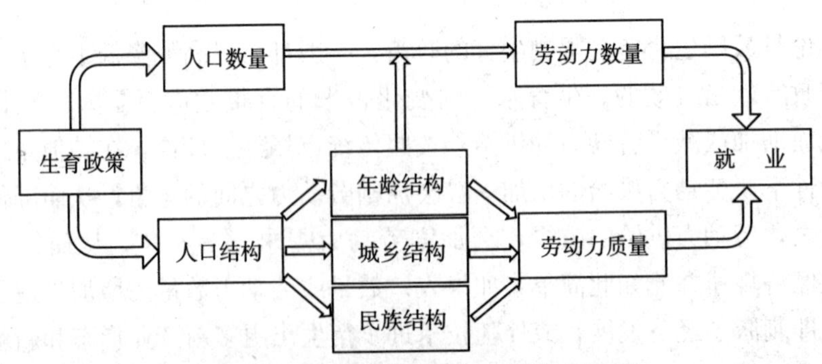

图 7－1　生育政策影响就业的基本原理

7.2 新疆计划生育政策的演变与特点

7.2.1 相对宽松的生育政策

人口数量、人口结构首先和生育政策有关，因而探讨新疆人口发展规律之前有必要梳理一下新疆的生育政策。我国2001年颁布的《计划生育法》第十八条规定：国家提倡一个家庭生育一个孩子，农牧民可生育两个孩子，具体办法由省、自治区、直辖市人民代表大会或其常务委员会制订。2015年最新修订的《计划生育法》对应的第十八条除了改为“提倡一个家庭生育两个孩子”外，其他内容并未改变。意味着在生育数量上国家只是提倡，不同的省根据实际情况允许有不同的政策。新疆计划生育政策与全国相比，一直要相对宽松。主要体现在以下两个方面：一是时间上要晚于全国，全国的计划生育政策20世纪70年代初期就已开始，并于1982年正式写入宪法，成为我国控制人口的一项基本国策。而新疆的计划生育政策汉族始于1975年，1981年全面普及，少数民族始于1985年，1988年才全面普及。二是生育数量上较全国宽松，历史上少数民族可多生一个，全面二孩政策以后，新疆二孩生育也只限于城镇，农村家庭一对夫妇可生育三个小孩。

7.2.2 城乡差异的生育政策

考虑到农村养老等特殊问题，历史上全国各地都实施了城乡有别的生育政策，一般是城镇居民生一个，农村居民生两个。新疆也不例外，允许农村居民比城镇多生一个。新政策实施以前，汉族农村居民允许生育二孩，少数民族农村居民可以生育三孩。全面二孩政策以后，尽管全国多数省份已经取消了城乡差异，但新疆的城乡差异却依然保留了下来，所有少数民族农牧民仍然允许生育三孩。2021年，全国“三孩”政策颁布后，新疆生育政策目前暂未进行调整。

7.2.3 从民汉差异到民汉平等

新疆少数民族除了在计划生育的实施时间上要比全国晚十几年外，历史上在生育数量上也可以多生一胎。新疆维吾尔自治区2002年通过的《人口与计划生育条例》规定，少数民族城镇居民一对夫妇可生育两个孩子，农牧民则可生育三个子女。而同时期全国多数省份汉族城镇居民只能生育一个，农牧民只能生育两个。2017年，为响应全国实行各民族平等的全面二孩政策，新疆对《自治区人口与计划生育条例》进行了第四次修正，正式取消了民汉有别的生育政策，所有民族实施共同的生育政策。

7.3 新疆生育水平的结构差异

7.3.1 族际差异

新疆生育水平的族际差异相当明显，以2010年统计数据为例，塔吉克族和维吾尔族平均生育率最高，平均每个适龄妇女生育1.7个孩子，其次为柯尔克孜族和哈萨克族，平均生育率分别为1.632和1.531，其他人口较少民族的合计生育率也较高，达到1.703。汉族的平均生育率最低，仅为1.178，因而总体来说，少数民族的合计生育率要高于汉族。图7-2是按15～64岁妇女人数统计的平均数，如果按传统的15～49岁的适龄生育妇女统计，则生育率会更高。

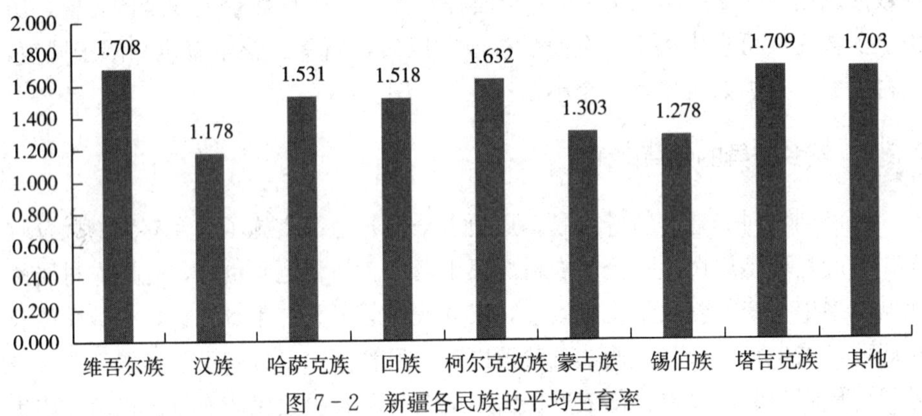

图7-2 新疆各民族的平均生育率

数据来源：第六次人口普查。

注：平均生育率=活产子女总数/15～64岁妇女人数。

7.3.2 区域差异

新疆人口生育率的地区差异主要由人口生育率的族际差异导致，由于人口的民族分布存在显著的地区差异，因而生育率的族际差异就直接转换为生育率的地区差异。一是因为少数民族生育率高于汉族，因而少数民族人口集中地区生育率要高于汉族人口集中地区。二是由于维吾尔族、柯尔克孜族等生育率高于其他民族，因而喀什、和田、阿克苏、克州等维吾尔族、柯尔克孜族主要聚居地区生育率普遍高于其他地区。以 2015 年数据为例（表 7-1），克州新出生的小孩中属于“三孩”及以上的比例高达 42.8%，和田和喀什“三孩”及以上的比例也分别达到 32.67%和 32.10%。而乌鲁木齐、克拉玛依、哈密等汉族人口集中地区的“二孩”和“三孩”比例相对较低，其中“三孩”比例均在 10%以下。

表 7-1　新疆人口生育率的地区差异

地区	出生人数	第一孩	第二孩	第三孩以上
乌鲁木齐	311	55.95	34.73	9.32
克拉玛依	96	62.50	34.38	3.13
吐鲁番	203	38.92	46.80	14.29
哈密	177	70.06	25.99	3.95
昌吉	310	54.84	36.77	8.39
博州	106	44.34	49.06	6.60
巴州	302	53.64	35.43	10.93
阿克苏	729	34.57	39.64	25.79
克州	250	23.60	33.60	42.80
喀什	835	29.34	38.56	32.10
和田	655	26.26	41.07	32.67
伊犁	391	40.41	45.01	14.58
塔城	132	43.18	49.24	7.58
阿勒泰	189	49.21	40.74	10.05
自治区直辖县	148	61.49	28.38	10.14
总计	4 834	40.19	38.87	20.94

数据来源：2015 年 1%人口抽样调查资料。

7.3.3　城乡差异

由于新疆历史上长期实行了城乡差异的生育政策，因而乡村的生育率要远高于城镇的生育率，导致农村人口增长远快于城镇人口增长。第六次人口普查数据显示，新疆乡村总和生育率达 55.76‰，远高于城市与镇 29.24‰和 34.99‰的生育率。同时，在该年度出生人数中，乡村“二孩”与“三孩”比例要高于城镇，尤其“三孩”比例远高于城镇（表 7－2）。

表 7－2　新疆人口生育率的城乡差异

城乡	育龄妇女（人）	出生人数（人）	总和生育率（‰）	一孩生育率（‰）	二孩生育率（‰）	三孩生育率（‰）
城市	186 667	5 458	29.24	70.8	23.95	5.37
镇	90 648	3 172	34.99	60.09	33.13	6.78
乡村	341 963	19 067	55.76	47.61	33.8	18.56
合计	619 278	27 697	44.72	53.61	31.78	14.61

数据来源：第六次人口普查。

7.4　新疆人口的民族结构特征

7.4.1　人口总量的民族结构

根据 2020 年人口普查数据公报，新疆常住人口总量为 2 585.23 万人，其中汉族人口占 42.24%，少数民族人口占 57.76%。各民族中维吾尔族人口最多，占总人口的 44.96%，占少数民族人口的 77.85%（图 7－3a）。但更为详细的人口民族构成数据尚未公布，最新数据是 2019 年新疆统计年鉴户籍人口的民族构成（图 7－3b）。

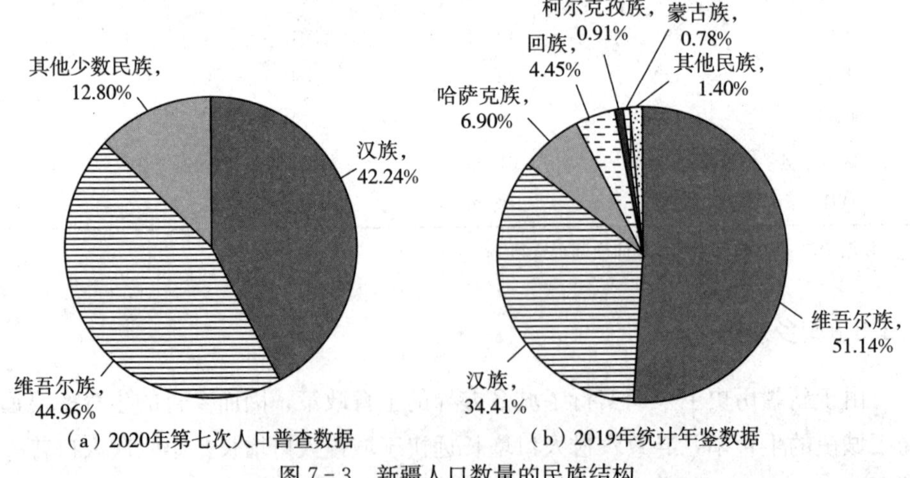

图 7－3　新疆人口数量的民族结构

2019 年户籍总人口为 2 283.46 万人，其中汉族人口数量为 785.74 万人，比重为 34.41%，少数民族总人口 1 497.72 万人，比重为 65.59%。维吾尔族人口总量为 1 167.86 万人，占新疆总人口的 51.14%。除汉族、维吾尔族外，100 万人口规模以上的民族另有哈萨克族和回族两个民族，分别为 157.49 万人和 101.57 万人，分别占比 6.90%和 4.45%。人口数量 10 万人至 100 万人之间的有柯尔克孜族与蒙古族 2 个民族，分别为 20.83 万人和 17.90 万人，分别占比 0.91%与 0.78%。人口数量在 1 万人至 10 万人之间的为塔吉克族、锡伯族、满族、乌孜别克族、俄罗斯族 5 个民族，人口数量分别为 5.14 万人、4.28 万人、2.74 万人、1.97 万人和 1.16 万人，其他 39 个少数民族人口总数均低于 1 万人。

7.4.2　人口增速的民族结构

从人口增速来看，新疆人口增长速度历来快于全国平均水平，从 1978 年至 2020 年，人口总量从 1 233.01 万人增长至 2 585.23 万人（图 7－4），42 年间年平均增长率为 1.78%，远高于全国 0.92%的年均人口增长率。与 2010 年第六次全国人口普查数据比，新疆总人口从 2 181.58 万人增长至 2 585.23 万人，增加了 403.65 万人，增长 18.50%，比全国平均水平 5.28%高出 13.22 个百分点，年均增长 1.71%，比全国平均水平 0.52%高出 1.19 个百分点。新疆人口总量增长很快的原因主要有两个，一是作为少数民族人口聚居区，人口自然增长率长期高于全国平均水平。二是伴随新疆社会经济快速发展，稳定红利逐步显现，人口迁入数量增加，促进了人口的机械增长。如自 2010 年至

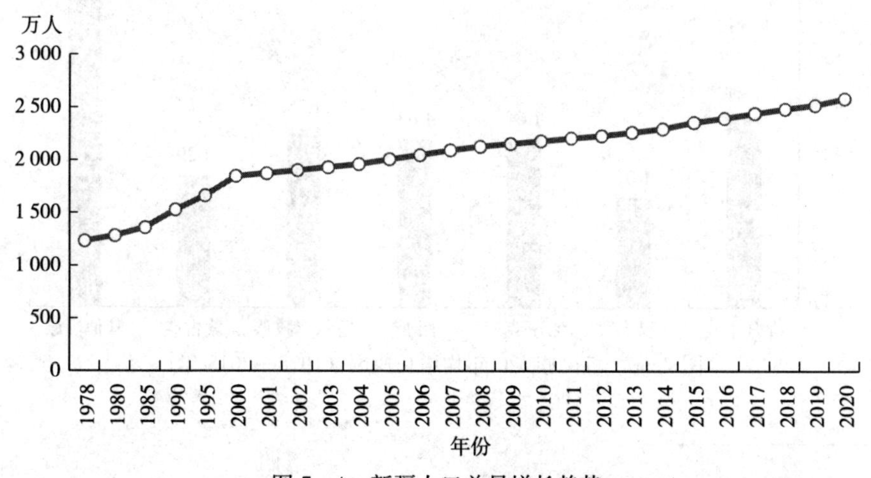

图 7－4　新疆人口总量增长趋势

2020 年，汉族人口增加 217.4 万人，其中跨省流入人口为 194.8 万人，占人口增长总量的 89.6%[①]。

分民族来看，2020 年与 2010 年两次人口普查相比，少数民族人口增长了 14.27%，增长率比全国少数民族人口增长率 10.26%高出 4.01 个百分点，其中维吾尔族人口增加 162.3 万人，增长率高达 16.2%。汉族人口也增加了 217.4 万人，但主要是人口迁移带来的机械增长。

其他民族的细分数据可根据统计年鉴户籍人口数据得知，如图 7-5。全疆户籍人口从 1978 年的 1 233.01 万人增长至 2018 年 2 283.46 万人，年均增长 1.55%。汉族户籍人口从 1978 年的 512.9 万人增长至 2018 年的 785.74 万人，年平均增长率仅为 1.07%，少数民族户籍人口数量从 1978 年的 720.11 万人增长至 2020 年的 1 497.72 万人，40 年间年均增长率为 1.85%，其中维吾尔族户籍人口数量从 1978 年的 555.53 万人增长至 2018 年的 1 167.86 万人，年均增长 1.87%，远高于全疆人口年平均增长率。柯尔克孜族、哈萨克族、回族也保持了较快增长，年平均增长率分别为 1.75%、1.64%和 1.63%（图 7-5）。10 万人口以下的少数民族总和保持了年均 3.46%的快速增长，其中 1 万～10 万人的少数民族中，俄罗斯族人口数量增长最快，1978 年不足 600 人，2018 年增长至 1.16 万人，增长了近 19 倍，年均增长率为 7.68%。其次为满族，从 0.24 万人增长至 2.74 万人，增长了近 11 倍，年均增长率达到 4.80%。

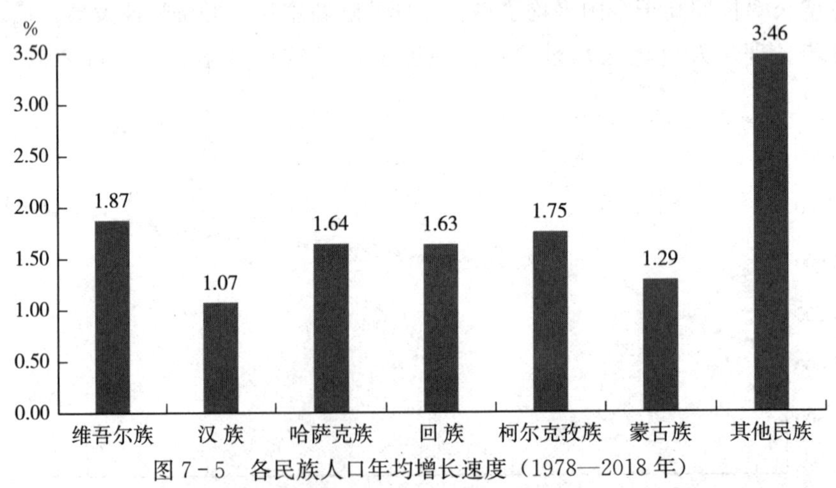

图 7-5 各民族人口年均增长速度（1978—2018 年）

① 新疆统计局：新疆第七次人口普查公报。http://tjj.xinjiang.gov.cn/tjj/tjgn/ist.shtml.

7.5　新疆人口结构特征对少数民族就业的影响

7.5.1　少数民族人口高度集中于经济落后地区

根据 2020 年新疆统计年鉴数据，68%的少数民族人口集中在南疆五地州，只有 32%的少数民族人口分布在北疆。北疆除吐鲁番市的少数民族比例达到 83.16%，属于少数民族人口高度集中地区外，其他地区少数民族人口比例相对较低，如克拉玛依、昌吉、乌鲁木齐和哈密少数民族人口比例分别为 25.33%、27.72%、28.79%和 34.51%。南疆除巴州外，其余四地州均为少数民族人口高度集中地区，和田、喀什、克州和阿克苏的少数民族人口比例分别高达 97.15%、93.99%、93.71%和 81.44%。南疆四地州历史上曾是全国 14 个集中连片特困地区之一，同时也是国家高度重视的深度贫困区“三区三州”之一，被称为“贫中之贫”和“困中之困”，是全疆脱贫攻坚的主要难题。由于落后地区非农产业发展滞后，劳动力的非农就业机会较少，因而少数民族人口高度集中于经济落后地区的事实直接导致了少数民族就业结构的相对落后。图 7－6 为新疆各地州人口的民族结构。

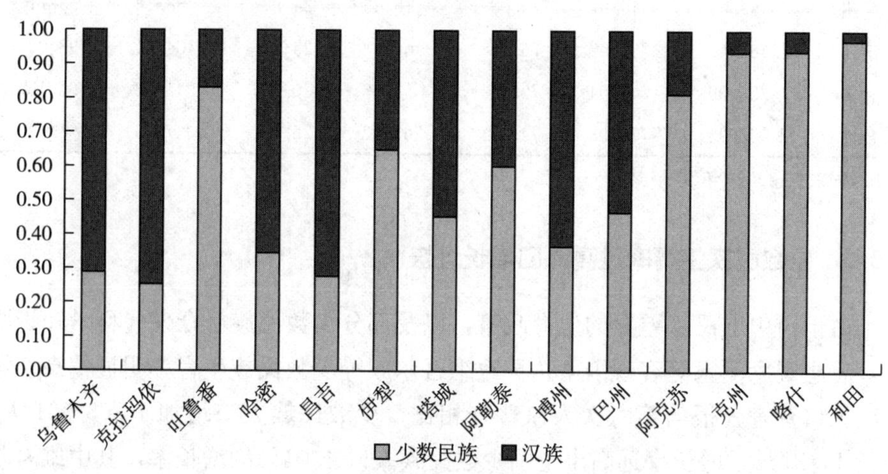

图 7－6　新疆各地州人口的民族结构

数据来源：2020 年新疆统计年鉴数据。

7.5.2　少数民族人口高度集中于农村

根据 2020 年人口普查公报数据，新疆常住人口的城镇化率为 56.53%，相较2010年上升了13.73%，但仍然比全国63.89%的城镇化率低7.36个百分点。南疆的和田、喀什、克州和阿克苏人口数量众多，根据2020年统计年鉴数据，南疆四地州人口数量总和占全疆人口总量的42%，其中少数民族人口比例高达91.64%，且农村人口比例高达74.67%，远高于全疆48.13%的农村人口比例。少数民族人口高度集中于农村的事实同样导致了就业结构的相对落后。虽然近年来自治区政府给予了高度关注，仅2019年与2020年就分别解决农村富余劳动力的转移就业286万人次和315.47万人次，但少数民族农业劳动力剩余现象依然明显（王兆萍和冯莉，2019），转移就业工作依然任重道远（表7-3）。

表7-3　南疆四地州人口结构

单位：万人，%

地区	总人口	乡村		城镇		少数民族	
		人数	比例	人数	比例	人数	比例
全疆	2 523.22	1 214.43	48.13	1 308.79	51.87	1 457.41	57.76
阿克苏	256.44	170.50	66.49	85.94	33.51	208.84	81.44
克州	62.02	46.57	75.08	15.45	24.92	58.12	93.71
喀什	462.40	354.92	76.76	107.48	23.24	434.61	93.99
和田	253.09	200.04	79.04	53.05	20.96	245.88	97.15
合计	1 033.95	772.03	74.67	261.92	25.33	947.45	91.64

数据来源：2020年统计年鉴。

7.5.3　少数民族生育率过高人口增长过快

由于历史上民汉差异的生育政策，以及部分少数民族群众现代科学知识匮乏，思想观念闭塞等客观因素，导致维吾尔族等少数民族生育率明显偏高。第七次人口普查公报与第六次人口普查相比，少数民族人口增加1 865 061人，增长14.27%，增长率远高出全国少数民族人口4.01%的增长率，其中维吾尔族人口增长率达到16.2%。过多的人口一方面增加了劳动力供给数量，加剧了当地劳动力市场的竞争，从而影响了就业。另一方面加剧了家庭贫困，影响了大家受教育的机会，从而影响了劳动力质量，阻碍了劳动力的非农转移与就业结构的转型。加上少数民族人口高度集中于经济落后地区和农村，导致经济落后地区的农村人口增长更快，加剧了少数民族就业结构的失衡。

7.6　本章小结

本章的主要结论有以下三点：①新疆少数民族人口生育率普遍偏高，人口增长过快，增加了劳动力总量，加剧了就业市场竞争，影响了就业。②少数民族人口高度集中于农村，农村人口增长快于城镇，导致就业结构的城乡失衡。③少数民族人口高度集中于经济落后地区，经济落后地区产业结构落后，人口增长反而更快，导致就业结构的落后。

第 8 章　新疆教育、语言与少数民族就业结构

从人力资本功能到信号筛选功能，再到教育过剩理论，有关教育与就业关系的研究成果已相当丰富。虽然部分实证研究得出了教育水平的提高并不必然促进就业的结论，但对于少数民族这一群体来说，如果加上语言这个中介作用，教育对就业的影响更深刻。因而探索教育和语言对少数民族就业的影响规律，深入分析教育如何通过语言这一中介加深对就业影响的原理，具有重要的理论意义与现实价值。

8.1　教育的就业效应

8.1.1　教育影响就业的理论

(1) 人力资本理论

最早认为教育能够提高人力资本的理论可以追溯至亚当·斯密[①]，之后李斯特、马歇尔等都相继论证了教育投资对就业的重要性。被称为“现代人力资本理论之父”的舒尔茨指出，人力资本投资无论是对社会还是对个人都是一种回报率很高的投资，这些投资包括增强体质的保健投资、提升智力的教育培训投资，以及为适应就业机会变化进行迁移活动而付出的费用等。在对美国 20 世纪 20 年代至 20 世纪 50 年代的经济增长实证研究后发现，教育投资在国民经济增长与个人收入增加中扮演了极为重要的角色（Schultz，1971，1981）。后续研究者贝克尔（1964）、韦尔奇（1970）、明瑟尔（1974）等先后对教育投资的收益率进行了测算，普遍认为教育不仅提高了劳动者收入，同时促进了就业和经济增长。卢卡斯（1995）指出教育的投资不仅能提高本人的劳动生产率，同时还存在外部经济性，即对他人的劳动生产率也会产生重要影响。

---

① 亚当·斯密，《国富论》：“学习一种能力，须受教育，须进学校，须做学徒，所费不少。这样费去的资本，好像已经实现并且固定在学习者身上成为一种才能。”

中国自古以来对人才特别重视，也很早就认识到了教育的重要性，所谓“为政之要，惟在得人”“十年树木，百年树人”。近代先哲们如蔡元培、陈独秀、陶行知、蒋梦麟、黄炎培等人都曾经思考与论证过教育与就业的关系，但真正将人力资本作为一个理论加以深入研究的历史并不长。厉以宁教授较早指出提升就业期望是人们接受教育的主要动机之一，且教育在解决一般性就业问题和结构性就业问题方面都有重要作用（厉以宁，1982）。很多学者通过研究不同国家经济增速的差异或根据深圳特区等国内发展较快地区的经验，发现了通过教育提升人力资本对经济发展的重要性（赵曙明和陈天渔，1998，赖德胜和王兆斌，1998）。随着这一结论得到普遍认可，部分学者仿效西方人力资本理论，开始转向不同时期人力资本存量的测算（姚洋和崔静远，2015，李静和陈月萍，2019）或人力资本贡献率测算（吴华明，2012，李新春等，2020），由于研究对象的时空差异与测算方法的差异，所得结论不尽相同。

（2）信号筛选理论

信号筛选理论是指在一个信息不完全的劳动力市场里，雇佣者在不能得知劳动力真实能力的前提下，只能根据文凭、学位、毕业院校知名度等易于被观察到的信号进行事先筛选。因而不管教育是否真的提升了人力资本与劳动技能，受教育程度高的劳动者都较受教育程度低的劳动者容易获得更好的工作。信号筛选理论自20世纪70年代开始流行，原因是发达国家普遍出现的滞胀等因素导致扩张性的教育投入并未产生预期的效率，通过教育缩小收入差距的理论也未能得到证实，因而人力资本理论对现实失去了应有的解释力。斯宾塞（1973）、阿罗（1973）、斯蒂格列茨（1975）等都是这一理论的代表人物。该理论首先承认教育对就业与收入的正向影响，但他们认为，这种作用不是教育本身的结果，而是信号筛选的结果。即雇佣者借助于文凭等信号提前对受雇者做出了能力预判。后续多位经济学家力图设计各种方法为这一理论找到实证支撑，论证高学历者并不必然比低学历者具有更高生产能力，其中最著名的是威尔斯检验和羊皮效应，威尔斯检验用于检验具有相同人力资本的劳动者从事不同职业的劳动生产率或工资收入是否相同，羊皮效应是对于两个具有同等教育年限的劳动力来说，获得文凭者比未获得文凭者收入要高。羊皮效应得到了后续很多学者的证实（Hungerford 和 Solon，1987，Jaeger 和 Page，1996，Park，1999，Antilius，2000），如 Hungerford 和 Solon 的研究表明，大学教育收益率在第一年和最后一年较高，在中间年份较低，说明大学录取证书与毕业证书传送了明显的信号作用。

在我国，新中国成立初期的很长一段时间，教育资源非常匮乏，特别是每年一度的高考，上演了一幕幕“千军万马过独木桥”的故事，因而教育以及受过教育的人都是稀缺资源，教育的信号筛选功能显然是极强的，大学生也被形象地誉为“天之骄子”。时至今日，尽管义务教育与普通教育已经得到全面普及，但重文凭轻能力的现象至今仍然存在，名牌高校毕业生更易于找到好工作，普通高校毕业生的就业形势相当严峻。如果少数民族群体大学生比例较低，受信号筛选现象影响，就业或就业结构就会受到明显影响。不过，伴随市场经济体制与劳动力市场的逐步完善，教育的信号筛选功能有逐渐减弱态势。

(3) 过度教育理论

1976年，弗里曼首先提出过度教育概念，即教育的供给超过了社会对教育的需求。原因是中等、高等教育的扩张导致毕业生数量的增长速度超过了劳动力的需求，受教育者面临知识失业，或者从事了与学历不匹配的工作，导致劳动者收入下降和整个社会的教育收益率下降，教育资源被浪费。20世纪50年代以来，多数西方国家试图通过发展教育大力提升人力资本，恢复与振兴战后经济，导致了教育的快速扩张，过度教育现象开始凸显。致使学界开始反思学校教育的社会价值，过度教育也由此成为理论界的研究热点，有关过度教育的含义、产生原因、表现形式以及对经济社会的影响都得到了广泛研究。过度教育的表现形式主要有三点，一是相对于历史上同等受教育水平者，现有收入或经济地位有所下降，二是受教育者未能得到其期望的职业或期望的成就，三是劳动者拥有超出其岗位所需的教育技能（Rumberger，1981，Tsang 和 Levin，1985）。至于过度教育的原因，有学者认为是由于劳动力市场的信息不对称，如果是完全信息，过度教育现象就不会存在（Alba-Ramirez，1993），也有人认为是经济衰退引起的，经济不景气时人力资本就会存在浪费（Dudal 和 Bracke，2019）。Kiker（1997）、Oliveira（2000）则认为是由于工作经验对教育的替代效应。

近年来，我国大学生就业难问题日趋明显，大学生的相对工资持续下降，“大材小用，高才低用”“毕业即失业”等现象普遍存在，过度教育问题从而得到了理论界高度重视。学者们普遍认为虽然不同行业不同人群过度教育程度存在差异，但我国的过度教育已经是客观存在的事实。杨卫军（2003）较早指出过度教育是发展中国家教育深化的必然产物，盛世明（2007）指出过度教育是一个似是而非的概念，在某些方面表现过剩，在另一些方面有可能表现为不足。部分学者对我国不同时期的教育过度程度进行了测算（李建民和陈洁，2017，王广慧，2018，方超，2018），并研究了过度教育存在的原因及其影响因素（缪宇环，2013，李剑峰，2016，李倩，2018）。周敏丹（2021）的研究表明普通教育的过度程度要比职业教育表现更为明显，李勇等（2021）认为垄断行业及其较低的全要素生产率容易导致过度教育，并且指出升级工作技能需求是降低过度教育的有效方式。

8.1.2　教育影响就业的经济学分析

西方古典经济学认为，在技术与其他资源一定的前提下，短期宏观经济总量取决于劳动力与资本，即 GDP＝F(L，K)。则教育对宏观就业量的影响主要体现在两个方面，一是通过教育提升人力资本功能，单位劳动力需要更多的资本相匹配，即导致人均资本的深化。如果能源、技术、制度及其他生产要素都处于充分就业状态，则经济总量不会发生太大变化，此时有可能出现资本对劳动的替代，从而导致短期内就业总量的减少。二是教育促进了科技进步，推动产业升级与经济扩张，从而增加就业总量。

（1）替代效应

图 8-1（a）表示短期内的替代效应，Q 为等产量线，K 为资本投入，L 为劳动力投入，所以 AB 和 CD 可以视为等成本线，L 可视为就业量。根据经济学基本原理，等产量线与等成本线的切点为市场均衡点，代表一定产量条件下成本投入最小的点。由于教育提高了人力资本能力和劳动生产率，均衡点从 E_0 点变动至 E_1 点，因而同等产出 Q 水平下资本数量从 K_0 增加到了 K_1，就业量从 L_0 减少到了 L_1。可见，教育水平的提高改变了劳动力与资本的投入比例，资本替代了一部分劳动力，反而减少了就业。

（2）扩张效应

一般认为，资本对劳动的替代效应导致就业量减少的现象只有在短期内才会存在，替代效应的大小还要取决于劳动力和资本的边际生产力与边际成本，以及两者的差异（景光仪，2010）。长期内教育通过提升人力资本和科学技术水平，特别是通过创新产业为就业带来扩张效应。如近年来信息产业、生物产业、新能源产业、新材料产业、高端制造业以及数字经济的蓬勃发展创造了大量新就业岗位与新就业机会。其经济学原理可通过图 8-1（b）解释，新兴产业的发展导致等产量曲线由 Q_0 向 Q_1、Q_2 扩张，相应要求投入更多的生产要素，因而就业水平由 L_0 扩张至 L_1、L_2。

当然，就业的扩张效应是否存在，还取决于其他很多因素。如果高校教育不能适时调整专业结构与学科结构，教育投资只是获取职业的门票，则有可能导致严重的结构性就业难问题，教育对就业的促进作用也就不复存在。

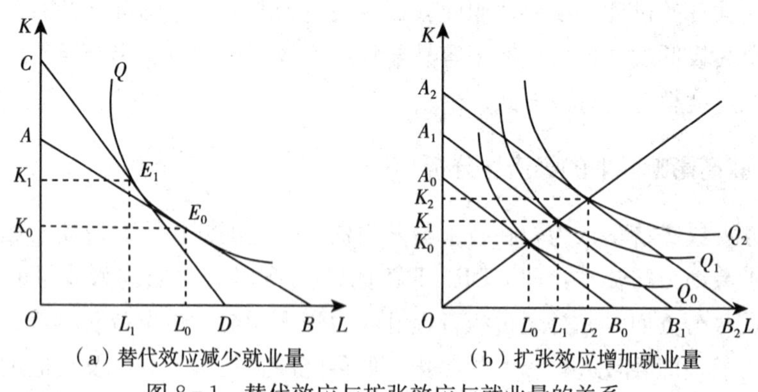

（a）替代效应减少就业量　　（b）扩张效应增加就业量

图 8－1　替代效应与扩张效应与就业量的关系

8.2　语言能力的就业效应

8.2.1　语言影响就业的理论

语言对教育的影响主要通过两种方式：一是基于语言的文化属性与民族属性，通过社会认同或社会歧视对群体就业产生影响；二是基于语言的人力资本属性，通过语言技能和沟通能力对个体就业产生影响。

(1) 语言的文化属性与民族属性

语言不仅是人们日常生活中的交流工具，也是特定民族及其文化的外在特征，语言及文字发展演变的过程，同时也是一个民族文化传承的过程。以汉语为例，不仅经历了上古汉语、中古汉语、近代汉语与现代汉语等时空演变，融合了不同民族的语言与文化，而且反映了人类社会与中华民族的发展历史。由于语言具有的文化属性与民族属性，特定的族群为了身份识别，会特意使用本民族语言，并容易将其作为纳己和排外的工具。不同群体间的交往交流，因为语言差异而导致的隔阂和摩擦也普遍存在。

“语言是人类通过社会化融入某一社团的主要手段”（Halliday，2001），语言作为文化纽带所发挥的人际交往和社会融入作用，会对就业造成不可忽视的影响。由语言差异导致的身份歧视，会引致不同群体间较低的文化认同感和身份排斥，从而使非主体语言群体在劳动力市场上被边缘化，形成劳动力市场的语言分割或民族分割，从而对少数族群的就业产生不利影响（Lang，1986）。大量有关移民问题的研究成果表明，是否掌握居住国的主体语言对就业的影响至关重要。如在英国、意大利、西班牙、澳大利亚等发达国家，掌握英语等本地语言的移民不仅更易于被雇佣，同时在职业结构与工资收入上存在显著优势（Gazzola M 和 Mazzacani D，2019，李泽莹，2015）。很多相反的研究也表明，由于语言的文化属性与民族属性所产生的身份歧视，或者语言障碍对社会交往能力与社会融入能力的影响，很多移民的就业处境不断恶化，这种情况在经济危机时更为明显。根据美国劳工部公布的数据，受新冠疫情影响，2020 年 6 月份，美国非洲裔居民的失业率高达 15.4%，比美国白人失业率高出 5.3 个百分点。

(2) 语言的人力资本属性

语言与教育一样具有人力资本属性。一是语言首先提高了劳动者的人际交往能力与沟通能力，能够更好融入社会，拓宽社会网络，同时更易于获得工作信息，降低工作搜寻成本，从而获得更多的就业机会。二是根据语言经济学的观点，语言本身具有生产性价值，可以提高劳动生产率，因而掌握主体语言或多种语言技能的劳动者容易受到雇主的青睐。三是由于知识、技术与信息的载体多数为主体语言，对于一个国家的少数民族或者外来移民来说，掌握主体语言有利于自学能力与自我发展能力的提高（王君奎，2013）。四是可以削弱由于语言歧视对就业造成的不利影响（金江等，2015）。如在美国和加拿大等国出现的民族飞地现象，主要就是外来民族的语言差异导致的身份歧视（Logan et al.，2002，Zucchi，2017）。

上述结论多数得到了实证检验，Barry Chiswick 等（2020）对以色列移民的研究结果表明，会当地语言的移民显著提高了获得工作的概率，同种类工作中会当地语言的收入也要明显偏高。Alan Duncan 等（2015）指出即使在苏联解体后 20 年，俄语在各联邦共和国内仍然有着重要的经济价值，实证表明，俄语技能可提高 6%（男性）或 9%（女性）的被雇佣率。在我国，普通话水平对农村劳动力转移及农民工就业与收入的影响显著，有研究表明普通话能力高的农民工群体在工资水平上要高出 30 %左右（程虹和王岚，2019），是否会普通话甚至有可能对进城农民工心理健康产生重要影响（刘国辉和张卫国，2020）。普通话对少数民族就业与收入的正向影响也很明显，因而提高少数民族普通话水平是促进少数民族就业，增加少数民族收入的有效路径（王兆萍和马小雪，2018）。

8.2.2 语言影响就业的经济学原理

语言经济学在我国还属于一门新兴交叉学科，当前理论界公认的是由 Jacob Marschak 于 1965 年首次提出，21 世纪初才引入我国。语言经济学认为语言学习与语言使用本身就是一个投入产出的经济学过程，语言的学习需要付出一定的时间成本与货币成本，语言的使用同样能够获得可观的回报。语言经济学虽然起步较晚，但其研究领域已涉及语言学习、语言使用、语言规划、语言政策、语言产业（语言服务业），以及语言对经济增长、社会地位、个体收入的影响等，但其核心内容是语言的成本与效益、价值与效用问题。

语言与教育一样具有人力资本属性，可以提高劳动生产率与边际生产力，但语言能力的获得同样需要付出一定的成本，只有当语言的回报收益大于语言的学习成本时，劳动者才有投资语言学习的动力。虽然语言和收入的关系受到了国内外学者的极大关注，语言能力对收入的正向影响也基本得到了共识，但直接研究语言与就业结构或语言与职业类别关系的成果不多。事实上，收入差距可能是由于语言能力差异直接导致，但更有可能是由于语言能力导致职业差异，然后由职业差异导致收入差距。

8.3 少数民族教育、语言的相互关系及其对就业的影响

8.3.1 教育与语言的相互关系

通过教育可以提高语言能力的道理很简单，也是多数语言学习者提高语言能力的主要渠道之一，无论是汉族还是少数民族，都可以通过正规教育、职业培训、技能培训等途径学习与掌握一种或多种语言。教育与语言同时具有人力资本和生产性价值属性，因而其对就业的影响原理是相似的，这也是语言经济学与教育经济学几乎在同一时期兴起的主要原因。但对少数民族来说，教育与语言的关系是相互的，教育不仅能提高少数民族的国家通用语言能力，国家通用语言能力同时也有利于帮助少数民族获得更多的受教育机会。因为为了获得中等或高等教育，少数民族学生只有达到一定的国家通用语言水平，才能通过高考，因而语言问题是很多少数民族学生升学首先要面对的问题。少数民族大学毕业后，如果想通过考研进一步学习深造，还将面临英语与国家通用语言双重压力。

当然，语言能力的获得不仅仅只有教育渠道，还可以通过“干中学”获

得，会不同语言的群体通过交流交往，互相学习，双方都可以习得另一种语言。如多民族“互嵌式”的社会结构不仅可以提高少数民族的国家通用语言水平，同时也给汉族学习其他民族语言提供了环境。受教育程度与语言能力在就业的过程中还可相互弥补，即在“干中学”提升语言能力的少数民族可以弥补教育程度低的不足。

8.3.2　教育和语言影响少数民族就业的原理

一般来说，教育和语言对少数民族就业的影响会更加深刻，同时由于增加了教育与语言的相互作用，因而对少数民族就业的影响相对更为复杂。一方面，上述教育的就业效应与语言的就业效应原理同样适用于少数民族。如全民教育水平的提高，会导致技术进步、产业升级、产业创新，从而增加就业机会，当然也有可能引致资本替代劳动或技术替代劳动，并提高对劳动力质量的要求，从而对少数民族就业产生不利影响。另一方面，语言作为一种文化载体，是少数民族融入主流社会的工具，国家通用语言水平与社会融入能力基本成正比。值得一提的是，不仅存在从语言到就业的影响关系，而且就业对语言技能也会产生影响（图8－2）。

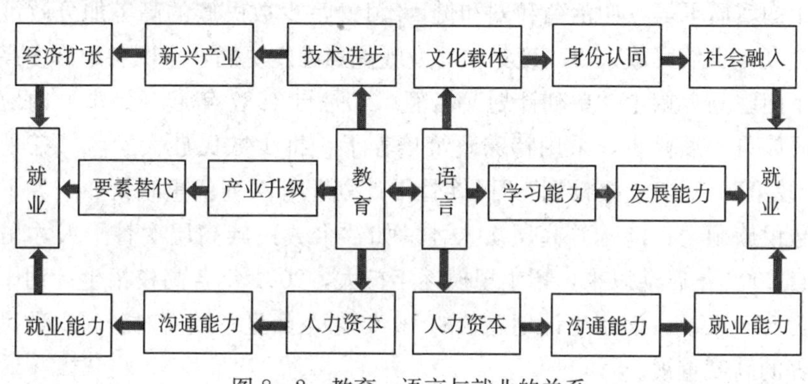

图8－2　教育、语言与就业的关系

8.4　新疆少数民族教育优惠政策与演变

8.4.1　坚持优先发展少数民族教育

新疆各届政府长期把优先发展少数民族教育作为治疆稳疆的重要战略之一，无论是制订教育发展规划，还是教育基础设施投入，都做到了优先保证发展少数民族教育。新疆早在第二次民族教育工作会议上就提出了“新疆的教育要以少数民族教育为重点，要优先照顾和重点扶持少数民族”的政策导向。此后，新疆实施了加强少数民族教育的系列优惠政策，如自 2000 年起开设新疆“内高班”，自 2004 年起，在乌鲁木齐等 8 个城市开办新疆“内初班”，为新疆“内高班”选拔优秀人才，招生对象主要为农牧区乡村小学或贫困、边境县市的少数民族小学毕业生。自 2010 年起，利用 19 个省市“对口援疆”契机，推进教育对口支援工作，在资金、人才等方面重点倾向少数民族人口集中地区。2017 年在全国率先统一城乡义务教育“两免一补”政策，并将“两免”优惠政策从贫困学生普及至所有义务教育阶段学生。上述少数民族教育优惠政策的实施，有效缓解了少数民族教育的落后局面。

8.4.2 注重少数民族高层次人才培养

新疆少数民族高等教育长期得到了政府高度重视。一是在高考与招生方面给予优惠政策。20 世纪 70 年代自治区高校招生基本是按少数民族考生比例进行招生，且在高考恢复后相当长一段时间内，新疆少数民族实行单独命题考试、单独划分数线。为缓解少数民族因历史社会原因导致的不利影响，实现高考招生的实质平等（谢治菊和刘和健，2019），少数民族的高考加分政策一直持续至今，少数民族人口高度集中的南疆优惠程度更高，全国各地许多高校都给予了南疆高考招生“单列计划”名额。二是自 1987 年起开始举办内地高校新疆民族班和预科班，采用特殊政策培养了一批少数民族大学生。三是借助“双少政策”“对口支援计划”“民族骨干计划”等系列优惠政策，培养了一大批少数民族硕士、博士等高层次人才。如“少数民族高层次骨干人才培养计划”自 2006 年启动以来，招生规模逐年扩大，2021 年各高校招生计划中，新疆籍为 555 人，占该招生计划总数的 10.09%，凸显了政府对新疆少数民族人才培养的高度重视。

8.4.3 重视少数民族职业教育培训

近年来，新疆职业教育得到了快速发展，为促进少数民族就业发挥了重要作用。主要渠道有三种，一是通过技术学校、技工学校、职业高中等开展学历教育，包括初等、中等和高等职业教育，每年培养的毕业生在 2 万人左右。二是配套脱贫攻坚战略，以就业为导向，开展各类职业培训，包括下岗职工培训、农民工培训，以及国家通用语言培训等。这类培训发展迅速，如 2019 年仅和田地区 13 所职业院校培训规模就达 1.55 万人。每年通过政府组织培训、劳务输出的少数民族劳动力也逐年递增。三是依法对“三类”人员开展免费职业技能教育培训，学员考核达标结业后，可以自主择业或由政府协助安排就业。

8.5　新疆少数民族教育发展概况

8.5.1　各民族总的受教育程度

近年来新疆的教育事业得到了快速发展，总体受教育水平显著提高。根据第七次人口普查公报数据，2020 年全区 15 岁及以上人口的平均受教育年限为 10.11 年，比全国平均受教育年限高 0.2 年，位居全国第 10 位。2020 年常住人口中大专及以上文化程度的人口占比 16.54%，比 2010 年提高了 5.9 个百分点。高中（含中专）文化程度占比 13.21%，比 2010 年增长了 1.83%。

虽然整体受教育水平明显提高，但教育的族际差异也相当明显。第七次人口普查公报数据显示，克拉玛依市的平均受教育程度最高，为 11.70 年，其次为乌鲁木齐市和哈密市，分别为 11.57 年和 10.69 年。少数民族人口高度集中的南疆四地州受教育年限最低，克州、阿克苏、喀什与和田分别为 9.80 年、9.41 年、9.30 年和 9.03 年，排名为最后四位，其中最低的和田地区与最高的克拉玛依市相差 2.67 年（表 8-1）。

表 8-1　新疆各地州市平均受教育水平（2020 年）

地区	教育年限（年）	排名	地区	教育年限（年）	排名
克拉玛依市	11.70	1	塔城地区	9.83	9
乌鲁木齐市	11.57	2	吐鲁番市	9.82	10
哈密市	10.69	3	克州	9.80	11
阿勒泰地区	10.38	4	阿克苏地区	9.41	12
博州	10.36	5	喀什地区	9.30	13
巴州	10.32	6	和田地区	9.03	14
昌吉州	10.22	7	自治区直辖县	10.34	—
伊犁直属县	9.85	8	全区	10.11	—

数据来源：新疆第七次人口普查公报。

8.5.2 各民族适龄人口受教育程度

由于第七次人口普查的详细数据尚未公布，缺乏专门统计少数民族劳动力受教育程度的数据，因而只能根据历次人口普查和历次人口抽样调查数据分析新疆教育的族际差异状况。

(1) 各民族适龄人口受教育现状与结构

2015年1%人口抽样调查数据显示（表8-2），抽取6岁以上人口总计323 228人，其中小学以下113 898人，比例为35.24%，中等教育水平有165 342人，占比51.15%，受过大学及以上阶段教育的为43 988人，占比13.61%。2015年全疆平均受教育年限为8.96年，劳动力的平均受教育年限要高于该数据，因为上述数据中含15岁以下的在校学生，这部分人毕业后才能加入劳动力队伍，扣除这部分人数后，劳动力的平均受教育年限还会提高。

从民族结构来看，各民族的受教育程度存在明显差异。新疆人口数量最多的六个民族中，平均受教育程度最高的是汉族和蒙古族，分别为10.06年和10.03年。维吾尔族受教育程度最低，仅有8.02年，其次为回族，为8.16年。全部少数民族总体受教育程度较低，平均受教育程度仅为8.20年。

表8-2 新疆部分民族受教育结构

民族	6岁及以上人口（人）	未上过学	小学	初中	普通高中	大学专科	大学本科	研究生	平均年限
维吾尔族	135 166	8 130	51 951	53 155	13 068	5 373	3 416	73	8.02
汉族	133 143	4 867	27 116	46 336	25 626	16 929	11 580	689	10.06
哈萨克族	27 824	678	9 939	10 659	3 842	1 654	1 036	16	8.75
回族	14 683	1 244	5 088	5 227	1 730	854	519	21	8.16
柯尔克孜族	4 708	175	2 023	1 480	585	292	150	3	8.35
蒙古族	3 403	95	851	996	723	444	285	9	10.03
其他民族	2 458	115	707	708	451	284	155	16	9.39
少数民族合计	190 085	10 599	71 316	72 796	20 584	8 981	5 669	140	8.20
总计	323 228	15 466	98 432	119 132	46 210	25 910	17 249	829	8.96

数据来源：2015年1%人口抽样调查资料。

注：平均受教育年限按小学6年、初中9年、高中12年、大专15年、本科16年、研究生19年（假设博士很少）进行加权平均而来。

平均受教育年限的族际差异主要是由各民族受教育结构的差异导致的，尤其与高等教育的族际差异有关。表8-3显示的是各民族大学及以上学历比重，平均受教育程度最高的汉族与蒙古族大学生比重也最高，在所有年份都是排名第1或第2。比如2005年，汉族与蒙古族大学生比例分别为13.20%和15.60%，蒙古族排名第1，汉族排名第2。2015年汉族与蒙古族大学生比例分别为21.93%和21.69%，汉族排名第1，蒙古族排名第2。平均受教育程度最低的维吾尔族与回族大学生比重也较低，2015年分别为6.56%和9.49%。

表8-3　各民族大学及以上学历比重

单位：%

民族	2000	2005	2010	2015	变化
维吾尔族	2.69	5.01	6.19	6.56	3.87
汉族	9.27	13.20	18.00	21.93	12.66
哈萨克族	4.03	8.83	8.43	9.73	5.70
回族	3.17	6.19	8.36	9.49	6.32
柯尔克孜族	3.10	4.32	8.03	9.45	6.35
蒙古族	8.34	15.60	17.90	21.69	13.35
其他民族	7.05	8.55	13.66	18.51	11.46
少数民族合计	3.06	5.66	6.92	7.78	4.72
总计	5.63	8.75	11.60	13.61	7.98

注：表中数据为大学生人数占6岁以上人口总数的比例；最后一列是2015年与2000年比较。

(2) 各民族受教育程度的变化趋势

表8-4反映的是新疆部分民族的平均受教育年限的变化趋势，根据2000年与2010年两次人口普查以及2005年与2015年两次1%人口抽样调查数据整理计算而得。可以看出，自2000年以来，无论是汉族还是少数民族，受教育水平都得到了明显提高。全部人口的平均受教育年限从2000年的7.69年增长至2015年的8.96年，提高了1.27年。但不同民族的增长速度存在一定差异，增速最快的为人口比例较少的其他民族，15年间提升了1.75年，其次为柯尔克孜族，提升了1.52年，哈萨克族变化最慢，仅提高了0.91年。除汉族外人口最多的维吾尔族提高了1.26年，接近于平均值，但2010年至2015年，平均受教育水平并没有显著提高。

表 8-4 新疆部分民族平均受教育程度的变化趋势

单位：年

民族	2000	2005	2010	2015	变化
维吾尔族	6.76	7.42	8.02	8.02	1.26
汉族	8.72	8.98	9.82	10.06	1.34
哈萨克族	7.84	8.61	8.67	8.75	0.91
回族	7.05	7.48	8.22	8.16	1.11
柯尔克孜族	6.83	7.26	8.17	8.35	1.52
蒙古族	8.59	9.27	9.72	10.03	1.44
其他民族	7.64	7.68	8.80	9.39	1.75
少数民族合计	6.95	7.56	8.14	8.20	1.25
平均	7.69	8.14	8.85	8.96	1.27

注：最后一列是2015年与2000年比较，平均受教育年限是根据6岁及以上适龄人口统计，统计标准为：小学＝6年、初中＝9年、高中＝12年、大专＝15年、本科＝16年、研究生＝19年。

8.5.3 各民族在校学生人数与比例

还可通过比较各民族的在校生比例与各民族人口比例，考察各民族受教育程度的差异性（表8-5）。根据2019年新疆统计年鉴数据，高等教育中少数民族在校生所占比例为52.63%，而同时期少数民族人口比例为68.40%，在假设各民族年龄结构类似的前提下，少数民族高等教育的在校生比例也要低于全疆平均值15.77%。

从动态变化来看，20世纪90年代以前少数民族高等教育在校生比例与人口比例差距较小，特别是20世纪70年代，由于高校招生采取按少数民族人口比例录取，且实施了优先发展少数民族教育的政策，因而有些年份少数民族高等教育在校生比例还要高于其人口比例。但20世纪90年代以后至2008年，两者差距持续扩大，表明市场化竞争机制一方面让少数民族处于相对不利地位，另一方面弱化了政府对少数民族的保护。2009年以后，两个比例的差距又开始逐年缩小。中等教育在校生比例在2000年以前明显低于人口比例，2000年以后与人口比例基本同步。初等教育在校生比例在1990年以后一直高于其人口比例，这与少数民族与汉族不同的计划生育政策有关，由于少数民族生育率总体要高于汉族，导致小学生阶段的适龄人口较多，因而小学在校生数量明显偏高。

表 8-5　新疆部分年份各级学校的在校生比例

年份	高等教育			中等教育			初等教育			少数民族人口（%）
	全部	少数民族人口（人）	比例（%）	全部	少数民族人口（万人）	比例（%）	全部	少数民族人口（万人）	比例（%）	
1978	10 229	7 890	77.13	84.70	31.10	36.71	202.90	106.58	52.53	58.40
1980	14 308	6 455	45.11	90.80	31.12	34.28	205.59	101.73	49.48	58.62
1985	26 500	13 996	52.82	112.00	34.68	30.97	196.70	116.43	59.19	60.70
1990	31 271	17 542	56.10	112.13	43.91	39.16	185.79	126.78	68.24	62.42
1995	44 918	24 125	53.71	100.68	47.74	47.41	230.19	157.84	68.57	61.97
2000	74 063	31 989	43.19	138.55	83.44	60.22	247.81	171.44	69.18	60.79
2005	188 752	75 744	40.13	185.33	99.33	53.60	214.88	136.94	63.73	60.42
2006	207 672	77 627	37.38	179.82	97.53	54.24	210.28	132.94	63.22	60.38
2007	226 012	81 978	36.27	181.56	95.86	52.80	206.53	131.32	63.58	60.68
2008	241 288	85 942	35.62	181.11	93.54	51.65	201.76	130.44	64.65	60.75
2009	253 272	91 243	36.03	179.97	92.79	51.56	197.99	130.31	65.82	61.01
2010	263 835	94 708	35.90	179.34	93.33	52.04	194.18	129.37	66.62	61.85
2011	272 818	102 358	37.52	177.94	94.07	52.87	192.42	129.25	67.17	61.77
2012	284 172	106 893	37.62	176.03	93.97	53.38	190.58	130.10	68.27	62.05
2013	295 292	116 256	39.37	173.94	95.61	54.97	189.96	132.21	69.60	62.02
2014	307 664	129 697	42.16	174.88	98.01	56.05	194.89	138.15	70.89	62.61
2015	322 713	139 443	43.21	180.70	105.09	58.16	205.53	149.45	72.71	63.51
2016	339 089	154 404	45.53	187.90	115.06	61.24	216.70	160.93	74.27	65.52
2017	367 373	179 073	48.74	191.42	120.65	63.03	229.76	173.86	75.67	67.68
2018	398 751	209 856	52.63	194.92	126.20	64.74	244.38	188.00	76.93	68.40

注：2020 年与 2021 年统计年鉴没有分民族资料；中等教育包括中专、职业高中、技工学校、普通高中和初中，初等教育为小学。

8.6 新疆语言政策与语言使用

8.6.1 新疆语言政策演变

新疆语言政策主要有两方面内容，一是语言文字的使用和管理政策，二是双语教育政策。前者相对稳定，后者伴随新疆社会发展需要适时进行了多次调整。

（1）语言使用和管理政策

新疆的语言使用与管理政策，首先建立在全国相应法律法规基础之上，然后根据新疆实际制订了系列语言使用与管理政策。主要原则有两个，一是依法推广国家通用语言文字，二是依法保护少数民族语言。

在普及国家通用语言方面，首先是以法律法规的形式推广，特别是 1982 年，推广国家通用语言被正式写入《中华人民共和国宪法》，随后颁布的系列文件都明确了国家通用语言文字的法定地位①。自治区政府在推广国家通用语言方面做出了不少努力，并多次修订了语言政策。2015 年修订并颁布的《新疆维吾尔自治区语言文字工作条例》中进一步明确了“大力推广国家通用语言文字”的任务，要求各民族成员积极主动学习和使用国家通用语言文字。并在各类学校加强国家通用语言教育，提出了至 2020 年少数民族学生基本掌握和使用国家通用语言文字的目标。

事实上，各项法律与政策条例在明确国家通用语言的法定地位的同时，同样明确了要依法保护少数民族语言，确保少数民族自由选择语言的权利。各民族语言文字具有平等权利，如政府机关在执行公务时，少数民族语言文字与国家通用语言文字具有同等效力。各民族在语言上可以相互学习，促进各民族语言文化的交流与交融。

（2）语言学习与教育政策

虽然新疆语言政策的基本原则一直没有发生变化，但各个时期语言学习与教育政策却根据社会发展需要进行了多次调整。20 世纪 50 年代初，为响应国家“以发展本民族语文为主，自愿学习汉语文”的双语政策，开始了新疆少数民族双语教育的探索之路。双语教育开始阶段，中小学教育基本以本民族语言为主，国家通用语言只作为一门选修课程，只是提倡和鼓励学习，并没有配套保障措施，并且只是在中学开设。20 世纪 50 年代末，逐渐将国家通用语言作为必修课程，同时制订了一定的任务要求，1959 年开始将国家通用语言学习下延至小学高年级阶段。1982 年召开的自治区国家通用语言教学工作座谈会提出将“民汉兼通”作为国家通用语言教学的基本方针，国家通用语言地位得

① 2001 年正式实施《中华人民共和国国家通用语言文字法》，2010 年国家民委颁布《关于做好少数民族语言文字管理工作的意见》，2012 年教育部、国家语言文字工作委员会发布《国家中长期语言文字事业改革和发展规划纲要（2012—2020 年）》。

到了显著提升。20 世纪 90 年代后，伴随社会的快速发展与民族交流交往的加深，少数民族学习国家通用语言的需求不断增加，双语教育得到了高度重视，不仅将国家通用语言学习提前至小学三年级开始，同时在中小学开始推广国家通用语言授课。1993 年自治区通过了《新疆维吾尔自治区语言文字工作条例》，使得新疆双语教育的开展有法可依，有法可循。2003—2005 年连续三年制订了加强双语教育的指导意见，明确了新疆少数民族双语教育发展的指导思想和总体目标。目前，新疆已开始在学前和中小学全面普及国家通用语言文字教学。

新疆 2015 年以前的语言政策虽然历经多次修改，但其主流依然是保护民族语言权利与民族文化传承（张全生，2019）。这与国家语言政策历来强调保护民族语言有关，如 1980 年教育部和国家民委联合公布的《关于加强民族教育工作的意见》要求："凡有本民族语言文字的民族，应使用本民族的语言教学，学好本民族语言，同时兼学汉语语文。"当然也与新疆历史特点和现实情况有关，如和田、喀什等少数民族人口集中地区，少数民族占比 90%以上，历史上民间交流使用的都是本民族语言，国家通用语言的普及存在很大的困难，必须经过长期努力和坚持才能实现。

8.6.2　新疆语言及使用概况

新疆自古以来便是多民族聚居地与世界文明的交汇地，因而历史上使用过的语言有 30 多种，文字有 20 多种（厉声，2009）。其中犍陀罗语佉卢文、吐火罗语焉耆-龟兹文、塞语于阗文、突厥语文、突厥语回鹘文、满语文等都已相继消亡。目前新疆世居的 13 个少数民族中，汉族、回族和满族使用国家通用语言文字，其他民族都用本民族通用的语言，其中塔吉克族、乌孜别克族、塔塔尔族、达斡尔族只有语言没有文字，维吾尔族、哈萨克族、蒙古族、柯尔克孜族、锡伯族、俄罗斯族等民族既有本民族语言，又有本民族文字（李适，2017）。因而新疆当前常用语言有国家通用语言、维吾尔语、哈萨克语、蒙古语和柯尔克孜语，历史上每年高考都同时使用上述 5 种文字的试卷。

汉语言文字是西域发现最早的文字，始于公元前 2 世纪汉朝张骞出使西域，伴随汉朝对西域的管辖特别是西域都护府的设立，汉语言文字随即成为当地的官方使用语言。历经 2 000 多年，虽然汉语使用范围与使用程度在不同时期存在较大差异，但一直沿用至今。因而汉语是有文字记载以来，唯一自始至终贯穿西域整个发展史的文字。在中央王朝实力强大的唐朝、元朝、清朝等部分时期，汉语不仅是官方语言，同时也是民间广泛使用的语言。时至今日，伴随国家通用语言的大力推广与各民族交流交往的不断加强，汉语作为各民族共同语言的地位不断巩固，对其他语言的影响也越来越深远。

维吾尔族是新疆人口最多的民族，因而维吾尔语是新疆除国家通用语言以外使用人数最多、使用范围最广的语言。维吾尔语属于阿尔泰语系突厥语族，在新疆约有800多年历史，新中国成立以后，为了更好地保护与传承民族语言文化，统一各民族的语言使用，针对维吾尔语、哈萨克语、蒙古语、柯尔克孜语和锡伯语等少数民族语言，进行了修订与推广。并被广泛应用于新闻出版和广播电视，如当前新疆有4种语言的电视节目，5种语言的广播节目。维吾尔语也是历经20世纪50年代、60年代和80年代三次较大的修订，才形成了现在统一的维吾尔文字。多种语言并存使用，各民族之间相互学习，各语言之间相互交融，是新疆语言文化的基本特征。

8.7 教育和语言对新疆少数民族就业的影响

8.7.1 教育对新疆少数民族就业的影响

关于教育影响就业的研究，人力资本理论认为教育具有增加就业、推动经济增长的扩张功能，首先是提高择业能力和增加个人收入的功能。信号筛选理论认为教育投资主要是传递和筛选劳动者劳动能力的信号，过度教育理论认为如果存在过度的教育投资，教育对就业的影响则非常有限。无论是人力资本理论、信号筛选理论还是教育过剩理论，如果从宏观视角考察教育对整个社会就业的影响，是否促进就业则很难形成共识，但教育对单个劳动力或某一特殊群体就业能力的提升则是显而易见的。即在其他条件都相同的前提下，受教育程度高的单个劳动力或群体更易于找到合适的就业岗位。人力资本是影响个人就业至关重要的因素，而教育则是提升个人人力资本的主要途径。一般而言，无论正规教育还是非正规教育，受教育水平越高，从农业转至非农职业的机会就越大（柳建平和刘卫兵，2018）。而受语言因素影响，民族地区很容易出现族际间的教育机会不均等。马忠才（2016）的研究表明，新疆维吾尔族与汉族存在明显的教育机会不均等，突出表现在初中和高中升学阶段。但该文在计量模型中没有考虑语言因素，忽视了语言对教育的重要影响。由于历史地理、民俗习惯、经济发展水平以及就业观念等原因，新疆少数民族劳动力受教育程度总体偏低，特别是受过高等教育的较少，因而就业结构相对落后，单位负责人、技术人员比例明显偏低，农业生产人员、服务人员等比例明显偏高。

新疆特别是南疆地处偏远，长期以来，受历史、自然、宗教等因素影响，历史上部分少数民族群众思想观念落后，抵制学习国家通用语言文字，排斥现代科学知识，拒绝学习掌握就业技能和提升自我发展能力，导致就业能力不足和就业率较低①。近年来政府加强了宣传引导，这种局面大为改观，但落后观念的彻底改变与教育水平全面提升还需要长期努力。

8.7.2 语言对新疆少数民族就业的影响

尽管新疆政府在推广国家通用语言方面做出了很多努力，但维吾尔语依然是当前维吾尔族内部通用语言。其原因既与新疆特殊的人文环境有关，又与旧有语言政策的偏误有关。关于语言选择问题，Abram de Swan 认为一种语言对使用者的吸引程度取决于该语言的交际价值，交际价值越高的语言越具有流行性和普适性。而交际价值主要取决于“流行度”和“中心度”，这两个指标都与使用该语言的人数正相关。Church 的研究同样表明，语言选择取决于语言的学习成本与效用，某种语言的效用同样与语言使用者人数正相关。这些理论能够很好解释很多小语种语言逐渐弱化的原因，因为在大多数地区，国家通用语言的交际价值远高于其他语种的交际价值，且具有较低的学习成本。但对维吾尔族相对集中的地区来说，则恰恰相反，按照上述理论计算，维吾尔语反而是学习成本较低、交际价值较高的语言。因此，与多数其他民族语言的功能与使用范围逐渐衰退甚至需要抢救和保护相反，维吾尔语在新疆是一种相对强势的语言。

国家通用语言对少数民族就业的影响主要体现在三个方面：一是国家通用语言作为少数民族的一种人力资本，在某种程度上决定了其工作能力与人际交往能力。不具备一定的国家通用语言水平，就无法与其他民族正常交流与交往，也无法平等参与国家社会事务管理，因而国家通用语言水平是决定其就业与收入的重要因素之一。二是国家通用语言水平决定了少数民族自我学习能力与自我发展能力。中国绝大多数知识、技术、信息都是以国家通用语言作为载体进行传播，国家通用语言水平越高，自我学习与自我发展能力就越强，职业选择机会也就越多。三是国家通用语言水平的高低会直接影响少数民族的受教育机会，从而间接影响就业，新疆的实际情况表明，第三种情况更具普遍性。

① 《新疆人权事业的发展进步》白皮书，2017-06-01。

8.7.3 教育和语言相互作用对新疆少数民族就业的影响

语言人力资本和教育人力资本存在一种互补关系，语言技能与就业的关系在不同受教育群体间存在着差异（Chiswick 和 Miller，2002）。教育对提高少数民族的语言能力表面上看是显而易见的，但如果考虑语言政策、民族习惯等因素，则这一结论并不是必然的。新疆 2015 年以前的语言政策虽然历经多次修改，但其主流依然是保护民族语言权利与民族文化传承（张全生和张世渊，2019）。如 1993 年实施的《新疆维吾尔自治区语言文字工作条例》规定，少数民族地区中小学校在加强本民族语言教育的同时，从小学三年级起开设国家通用语言课程。意味着民族语言依然是民族地区中小学教育的主要授课语言，国家通用语言只相当于一门必学课程。该类政策进一步强化了维吾尔语的强势地位，从而导致该时期少数民族对国家通用语言学习不够重视，国家通用语言水平普遍较低。因而 2015 年以前，至少在义务教育和普通教育阶段，教育对少数民族国家通用语言水平的提高作用有限。2015 年后，新的语言政策明确规定少数民族从学前教育开始国家通用语言全覆盖。6 年的实践表明，政策效果非常明显，少数民族国家通用语言水平的提高，为少数民族公平参与就业市场的竞争以及平等参与社会事务管理奠定了基础。

语言对教育的影响也不容忽视，事实上，国家通用语言水平是新疆少数民族能否平等获得有效教育的重要因素。一是为了获得中等或高等教育，少数民族学生必须达到一定的国家通用语言水平，因而语言能力是少数民族学生升学首先要面对的问题。二是大学毕业后，如果想通过考研进一步学习深造，将面临英语与国家通用语言双重压力。针对新疆部分高校的调查表明，少数民族研究生所占比例不到 20%（表 8-6），与 68.40%的少数民族人口比例不相称，其中重要的影响因素就是语言障碍。语言对本民族影响程度不同，将直接制约不同民族国家通用语言学习效果。以蒙古语和哈萨克语为例，相比而言，国家通用语言对蒙古语的影响程度要高于哈萨克语，因而蒙古族的双语教学成绩就要明显高于哈萨克族。

表 8-6 新疆部分高校研究生数量与构成

新疆高校	总人数（人）	汉族（人）	比例（%）	少数民族（人）	比例（%）
新疆大学	6 634	5 361	80.81	1 273	19.19
石河子大学	4 352	4 155	95.47	197	4.53

（续）

新疆高校	总人数（人）	汉族（人）	比例（%）	少数民族（人）	比例（%）
新疆医科大学	3 519	2 275	64.65	1 244	35.35
新疆农业大学	2 604	2 275	87.37	329	12.63
新疆师范大学	2 508	1 871	74.60	637	25.40
新疆财经大学	2 004	1 842	91.92	162	8.08
塔里木大学	521	484	92.90	37	8.10
喀什大学	503	401	79.72	102	20.28
新疆艺术学院	324	279	86.11	45	13.89
合计	22 969	18 943	82.47	4 026	17.53

数据来源：2019 年调查数据，实际为 2018 年数据。

8.8　本章小结

（1）新疆少数民族教育得到了历届政府高度重视，实施了长期少数民族教育优先发展战略，颁布了系列扶持与优惠政策，不仅提高了少数民族劳动力素质，而且增强了少数民族国家认同感、维护了民族团结和社会稳定。

（2）历史上新疆语言政策更多强调了少数民族语言保护，国家通用语言普及力度不够，导致新疆部分少数民族国家通用语言水平普遍偏低并影响了受教育机会。现阶段政府加大国家通用语言普及力度的政策，不仅是提高少数民族劳动力素质的必由之路，同时也是确保少数民族平等参与国家事务管理，共享改革发展成果的前提和保障。

（3）新疆部分少数民族大学及以上学历比例偏低，以及国家通用语言水平较低的事实，影响了劳动力素质和就业选择能力，这是新疆少数民族就业结构相对落后的主要原因之一。南疆少数民族人口集中，教育发展更为滞后，主要原因也是南疆国家通用语言普及率远低于北疆，语言瓶颈是南疆教育难以全面提升的关键因素，也因此降低了新疆少数民族的平均教育水平，同时影响了全疆少数民族就业结构的转型升级。

第9章　新疆兵地融合与少数民族就业结构

新疆生产建设兵团是新疆维吾尔自治区的重要组成部分，自成立以来，吸纳了部分少数民族人口与劳动力，在促进少数民族就业方面做出了突出贡献。但兵团在国民经济和社会发展方面实行国家计划单列，由国务院和新疆维吾尔自治区政府双重管辖，具有独立的行政、司法、财政体系。兵团下属师市设有与地方地州市平行的行政机构[①]，且基本具有同等权力，兵团下属团场与地方县市对应，基本拥有和地方县市同样的行政管理机构。由于新疆存在地方与兵团两套平行的管理机构，加上兵团特殊的“党政军企”性质及其肩负的特殊使命，体制差异是客观存在的事实，一定程度上限制了人口、劳动力等生产要素在兵、地间的自由流动。因而破除体制差异限制，加快劳动力市场的“兵地融合”，是拓展少数民族就业空间，促进少数民族就业结构转型升级的重要途径之一。

9.1　兵团少数民族人口与分布结构

9.1.1　兵团少数民族人口总量与结构

新疆生产建设兵团（下文简称兵团）在1954年成立之初只有17.60万人口，主要由官兵集体转业和随军家属构成。其中少数民族人口数量较少，仅有6 000多人，占兵团人口总量的3.63%（表9-1）。主要由维吾尔族、回族和哈萨克族组成，其他民族仅不足200人。经过60多年的发展壮大，兵团人口规模快速增长，少数民族人口增长相对更快。根据兵团2021年统计公报数据，至2021年底，兵团人口规模达到348.51万人，相较1954年增加了330.91万人。少数民族人口总量增加至60.07万人，占兵团总人口的比例也提高至17.24%。少数民族中维吾尔族人口最多，2019年已达28.41万人，占该年度兵团总人口的8.74%。

---

① 新疆地方是对应新疆生产建设兵团的习惯称呼，是指新疆维吾尔自治区内除兵团以外的部分。

表9-1 兵团少数民族人口总量与结构

单位：人，%

年份	总人口	维吾尔族	哈萨克族	回族	蒙古族	其他民族	少数民族合计	少数民族占比
1954	175 451	3 017	1 072	2 054	35	197	6 375	3.63
1970	1 943 157	43 527	23 512	32 062	3 303	7 579	109 983	5.66
1980	2 200 755	124 422	31 199	52 645	4 485	2 813	215 564	9.80
1990	2 143 528	138 856	35 921	55 521	5 812	9 945	246 055	11.48
2000	2 427 920	157 511	40 713	62 175	5 940	17 904	284 244	11.71
2010	2 573 203	197 525	45 643	69 073	6 583	20 050	338 894	13.17
2019	3 248 441	284 075	60 845	93 686	8 784	36 509	483 899	14.90
2021	3 485 100	—	—	—	—	—	600 700	17.24

数据来源：新疆生产建设兵团统计年鉴（2020），2021年数据来源于兵团统计公报。

9.1.2 兵团少数民族人口的地域分布

兵团少数民族人口分布具有显著的地域差异，总体上北少南多，且各师市分布明显不均衡。兵团南疆仅有四个师市，但少数民族人口总量较多，2019年为24.53万人，占兵团少数民族人口总量的50.70%，北疆有十个师市，但少数民族人口比重仅有48.23%，另有兵团直属机构占比1.07%。从南北疆内部人口结构来看，兵团南疆人口中少数民族人口比例为24.94%，也明显高于北疆的10.49%（表9-2）。分师市来看，第十四师少数民族人口比例最高，达到60.40%，其次为第三师，比例为52.78%，第四师、第十二师和第十三师少数民族人口比例也相对较高。第十一师为建筑工程师，少数民族人口比例最低，仅有2.95%，第十师与第二师少数民族人口比例也相对较低，分别为3.65%和4.97%。

表9-2 兵团各师少数民族人口数量与结构

单位：人，%

地区	总人口	维吾尔族	哈萨克族	回族	蒙古族	其他民族	少数民族合计	少数民族比例
一 师	408 987	33 472	645	3 088	559	9 354	47 118	11.52
二 师	231 566	5 899	23	1 666	813	3 116	11 517	4.97

（续）

地区	总人口	维吾尔族	哈萨克族	回族	蒙古族	其他民族	少数民族合计	少数民族比例
三　师	270 137	138 716	16	1 300	116	2 443	142 591	52.78
十四师	73 024	43 513	4	217	44	332	44 110	60.40
南疆合计	983 714	221 600	688	6 271	1 532	15 245	245 336	24.94
四　师	256 551	15 126	27 795	10 402	2 661	2 913	58 897	22.96
五　师	133 173	5 293	3 708	6 203	1 383	827	17 414	13.08
六　师	371 233	10 642	8 203	19 941	808	3 254	42 848	11.54
七　师	248 126	2 197	1 596	6 627	523	1 707	12 650	5.10
八　师	691 049	6 543	3 749	15 982	877	7 753	34 904	5.05
九　师	85 655	60	3 421	1 224	353	569	5 627	6.57
十　师	111 133	97	1 188	1 705	198	873	4 061	3.65
十一师	70 525	507	55	980	82	453	2 077	2.95
十二师	139 166	5 334	3 934	20 779	198	1 578	31 823	22.87
十三师	118 206	12 978	6 211	2 808	86	1 020	23 103	19.54
北疆合计	2 224 817	58 777	59 860	86 651	7 169	20 947	233 404	10.49
兵团直属	39 910	3 698	297	764	83	317	5 159	12.93
合计	3 248 441	284 075	60 845	93 686	8 784	36 509	483 899	14.90

数据来源：新疆生产建设兵团统计年鉴（2020）。

9.2　兵团少数民族就业与就业结构

9.2.1　兵团少数民族就业总量

根据兵团历年统计年鉴与最近 2 年统计公报统计的兵团就业人数显示（图 9－1），兵团就业总量稳步增长。特别是 2010 年后，就业总量从 106.18 万人增加至 165.72 万人，年均增长速度为 4.55%，明显高于同时期 2.62%的人口增长速度，表明积极的就业政策取得了良好效果。兵团少数民族就业也得到了兵团高度重视，以 2010 年为例，少数民族就业人数为 18.62 万人，占兵团就业总量的 17.54%，高出同时期少数民族人口比重（13.17%）1.34 个百分点。

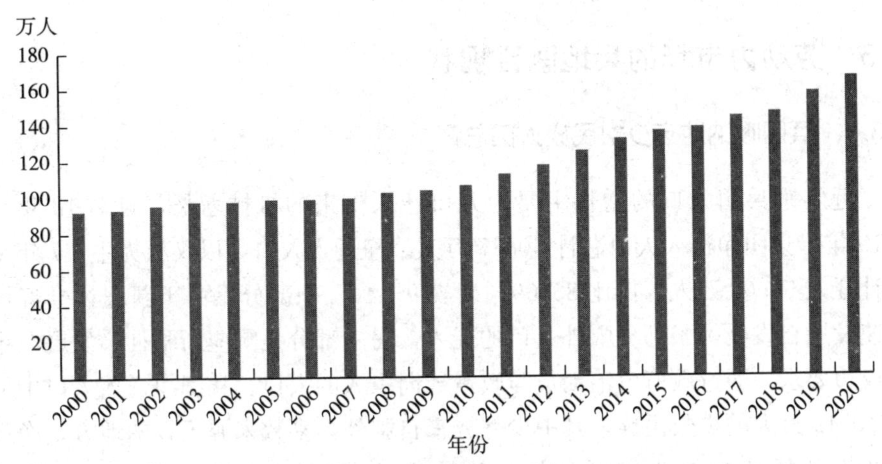

图 9-1　兵团就业人数总量（2000—2020 年）

9.2.2　兵团少数民族就业结构

与全疆情况类似，兵团分民族的就业数据只有人口普查数据才有（表 9-3）。第六次人口普查数据显示，虽然少数民族就业总量并不低，但就业结构的落后相当明显。少数民族第一产业就业比重明显偏高，第二产业与第三产业就业比重偏低。2010 年，维吾尔族与哈萨克族的第一产业就业比重高达 87.97%和 81.20%，第二产业和第三产业就业比例非常低。蒙古族第一产业的就业比例也高于兵团平均水平，第三产业与兵团平均水平基本持平，但第二产业明显低于兵团平均水平。回族的三次产业就业结构基本与兵团平均水平接近，其他少数民族的就业结构总体相对落后，第一产业就业比例较高，第三产业就业比例偏低。

表 9-3　兵团各民族就业人数的产业分布

单位：%

	第一产业	第二产业	第三产业
总　计	57.06	15.62	27.32
汉　族	53.34	16.94	29.72
维吾尔族	87.97	3.12	8.91
回　族	58.40	18.30	23.31
哈萨克族	81.20	7.22	11.57
蒙古族	64.49	8.72	26.79
其他	69.49	14.81	15.70

数据来源：兵团第六次人口普查资料。

9.3 劳动力市场的兵地融合现状

9.3.1 兵团吸纳地方少数民族人口总量

近年来兵团人口的增长主要为人口迁入带来的机械增长，自 2012 年至 2019 年，兵团净迁入人口总计 60.27 万人。净迁入人口中以汉族为主，7 年来累计迁入 50.08 万人，占比 83.09%（表 9-4）。一部分是由于新疆社会经济快速发展自发吸引了部分疆外人口的迁入，另一部分是响应新疆社会发展与维稳戍边要求，通过政府政治动员与政策导向引入的人口。兵团净迁入人口中另有 10.19 万人的少数民族，其中少部分来自疆外，多数来源于新疆地方。净迁入的少数民族主要为维吾尔族，总量为 6.18 万人，占全部少数民族的 10.25%，其次为回族和哈萨克族，分别为 1.36 万人与 1.02 万人。

表 9-4 兵团净迁入人口的民族构成

单位：人，%

年份	合计	汉族	维吾尔族	哈萨克族	回族	蒙古族	其他民族
2012	34 790	31 088	1 114	724	2 141	223	−500
2013	50 689	45 948	3 932	43	−671	181	1 256
2014	26 981	20 018	3 516	1 202	187	120	1 938
2015	29 424	25 005	4 715	515	−792	234	−253
2016	62 063	48 775	9 369	156	1 436	159	2 168
2017	164 158	125 758	22 195	4 023	6 944	418	4 820
2018	96 827	73 188	15 785	2 368	3 127	272	2 087
2019	137 749	130 983	1 147	1 211	1 241	504	2 663
合计	602 681	500 763	61 773	10 242	13 613	2 111	14 179
比例	100	83.09	10.25	1.70	2.26	0.35	2.35

数据来源：兵团人力资源和社会保障局。

9.3.2 兵团吸纳地方少数民族劳动力总量

为彻底打赢脱贫攻坚战，解决少数民族劳动力就业难问题，近年来兵团实施了系列积极就业政策。2013 年 4 月，兵团出台《加快南疆集中连片特困团场区域发展与扶贫攻坚实施规划》，把壮大产业带动少数民族就业作为扶持南疆少数民族聚居团场发展的重点。2014 年 7 月，兵团党委六届十三次全委会明确提出了大力发展劳动密集型产业，吸纳地方少数民族劳动力来兵团就业的指导思想，并确立了每年吸纳 5 000 名少数民族劳动力到兵团就业的目标。2021 年 4 月，自治区审议通过《关于新时代推进兵地融合发展的意见》，兵地融合发展正式驶入快车道。

自 2011 年至 2019 年，兵团累计新增就业 88.80 万人（表 9－5），其中少数民族 13.02 万人，占新增劳动力总数的 14.66 ％，基本与该时期少数民族人口比例持平。因而仅从数据上看，兵团的少数民族就业优惠政策效果并不明显，但考虑到少数民族劳动力的地域分布、受教育程度、语言能力等对就业的影响，能够保证与人口比例持平的就业增长率实属不易。但兵团新增少数民族就业人数中，60％左右来自兵团内部，只有 40％左右来源于地方。

表 9－5　兵团各年新增少数民族劳动力

单位：万人，％

年份	总和	少数民族	比例	兵团	比例	地方	比例
2011	5.18	1.16	22.39	0.62	53.45	0.54	46.55
2012	8.56	1.18	13.79	0.67	56.78	0.51	43.22
2013	8.87	1.14	12.85	0.70	61.40	0.44	38.60
2014	10.94	1.23	11.24	0.73	59.35	0.50	40.65
2015	10.59	1.17	11.05	0.72	61.54	0.45	38.46
2016	10.36	1.55	14.96	1.07	69.03	0.48	30.97
2017	12.92	1.73	13.39	1.19	68.79	0.54	31.21
2018	10.37	2.00	19.29	1.04	52.00	0.96	48.00
2019	11.01	1.86	16.89	1.02	54.84	0.84	45.16
合计	88.80	13.02	14.66	7.76	59.60	5.26	40.40

数据来源：兵团人力资源和社会保障局。

9.3.3　兵团吸纳地方少数民族劳动力的渠道

兵团吸纳地方少数民族劳动力的方式主要有以下几种：①兵团通过城镇化和产业发展，通过市场化模式吸纳少数民族劳动力。截至 2021 年 3 月，兵团十四个师已相继成立十一个“师市合一”县级市[①]和 56 个“团镇合一”建制

① 兵团十四个师中第十一师为建筑工程师，第十二师本身地处乌鲁木齐市，第九师“师市合一”县级市尚未成立。

镇，兵团城镇化的快速发展吸引了一部分少数民族落户兵团。②响应自治区兵地融合政策，通过地方政府与兵团企业对接，将地方剩余劳动力输送给兵团所属企事业单位。如兵团通过打造南疆现代棉纺织中心，近五年平均每年接收少数民族劳动力 5 000 人以上。其中仅第一师阿拉尔市就有 30 多家棉纺织企业，如阿拉尔臻泰棉纺织公司，现有员工 6 000 多人，90%以上为少数民族，其中大部分来源于和田地区政府组织的劳务输出，阿拉尔洁丽雅公司自成立以来也吸收了近 4 000 名少数民族劳动力。截至 2019 年，第三师图木舒克市草湖产业园区总计吸纳了来自喀什地区与克州少数民族员工 3 121 人[①]。③通过兵地融合方式共建开发区与共建项目，实现了人才与劳动力的资源共享。如第七师与奎屯地方政府共同开发的奎北新区，第十二师与乌鲁木齐市共同开发的乌鲁木齐经济技术开发区，新疆天润集团乳业与巴楚县地方政府共同开发的牛奶产业园等，另有各种形式的兵地融合合作社，也吸纳了相当数量的少数民族劳动力。④通过新建、扩建和整合团场形式，同时发挥兵团组织优势与经济优势，将部分属于地方的民族乡或民族村划拨兵团，将人口与劳动力纳入兵团范围，如兵团第一师托喀依乡、第十四师 224 团和 225 团等。⑤通过招收地方少数民族大学生。新疆每年有 4 万多名各类少数民族大学生毕业，其中一定比例的毕业生流入兵团。以塔里木大学为例，2019 年有 13%的少数民族毕业生留在了兵团。

9.4 劳动力市场的兵地比较

9.4.1 就业结构的兵地比较

2020 年，新疆兵团与新疆地方就业人员在三次产业之间的配置比例分别为 26.14%∶26.08%∶47.78%和 34.74%∶14.37%∶50.88%。地方第一产业就业结构比重明显高于兵团，第二产业就业结构比重明显低于兵团，第三产业就业结构比重与兵团基本持平，地方就业结构明显落后于兵团。由于地方人口中少数民族比例高达 75%，而兵团人口 85%为汉族，地方就业结构的落后就直接表现为少数民族就业结构的落后。从就业结构的演变来看，无论是兵团还是地方，就业结构基本符合配第·克拉克定律，即劳动力逐渐从第一产业转移至第二产业和第三产业。但兵团与地方就业结构的转型速度存在明显差异，

① 数据来源于兵团第一师和第三师园区管委会的实地调研。

地方第一产业就业比重递减明显慢于兵团，第二产业比重长期没变，第三产业就业比重与兵团变动趋势基本类似，保持逐年增加趋势（图 9-2）。

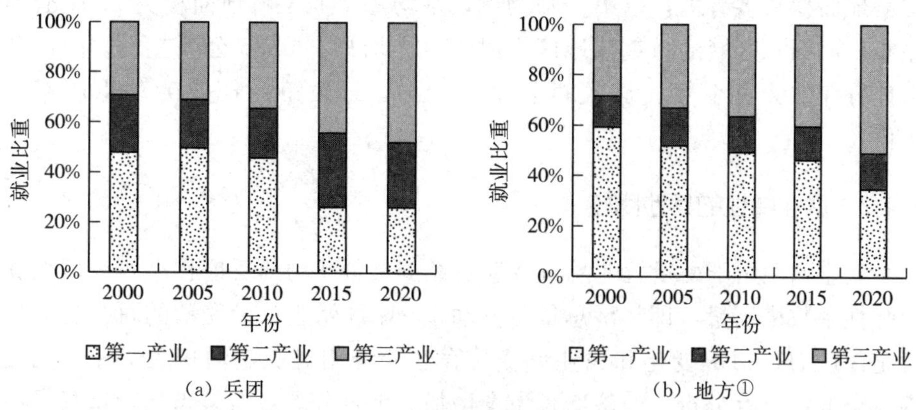

图 9-2　兵团与地方就业结构比较

9.4.2　劳动生产率的兵地比较

根据 2020 年 GDP 数据与就业人数，兵团劳动生产率为人均 17.53 万元（图 9-3），明显高于地方人均 8.83 万元劳动生产率。不仅如此，兵团三次产业的劳动生产率也明显高于新疆地方，特别是第一产业劳动生产率，兵团是地

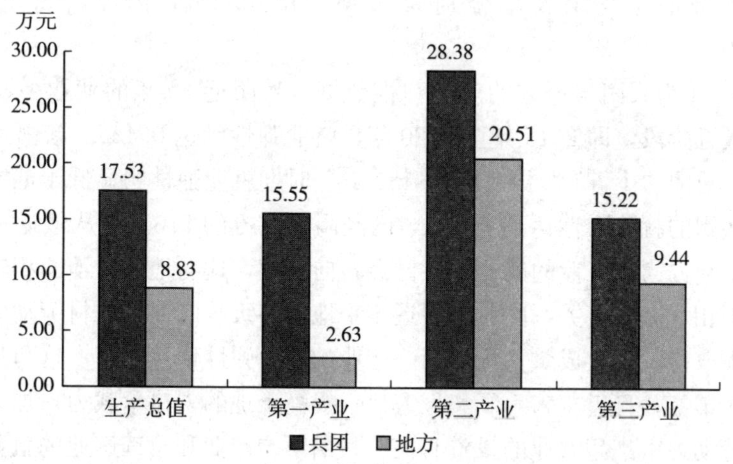

图 9-3　兵团与地方劳动生产率比较（2020 年）

① 新疆地方就业数据根据全疆减去兵团计算。

方的近6倍。同理，由于地方人口主要为少数民族，兵团人口主要为汉族，地方劳动生产率低就直接表现为少数民族劳动生产率偏低。一方面与兵团人均耕地面积较多有关，以第一师为例，平均每个职工耕地面积为2.67公顷左右，而同一区域的阿克苏地区农村人口人均只有0.35公顷左右，因而新疆地方存在大量少数民族农村剩余劳动力，导致第一产业劳动生产率非常低。

9.4.3 就业弹性的兵地比较

就业弹性用于衡量就业总量变动对经济总量变动的反应程度，一般用就业弹性系数来衡量，即经济总量每变动1%导致就业总量变动的百分比。奥肯定律认为，GDP变化和失业率变化存在一种相对稳定的相关关系，失业率每降低一个百分点，经济增长率会增加2个百分点左右。当然，这只是一个经验数据，不同资源禀赋的国家和地区，同一国家和地区的不同时期该数据存在一定差异。有研究表明，历史上我国的就业弹性就相对较低，并且有逐年下降趋势。1985—1990年，中国GDP年平均增长率为7.89%，同时期就业人数的平均增长率为2.61%，就业弹性为0.331。“八五”至“十一五”时期就业弹性分别为0.106、0.116、0.072和0.034。“十二五”后又有所回升，就业弹性为0.044，刚刚过去的“十三五”时期，全国GDP年均增长率和就业人数的年均增长率分别为5.78%和0.31%，因此可得就业弹性为0.054。

图9-4为兵团与地方的就业弹性数据。兵团近20年的就业弹性稳步提升，至最近阶段，即2015年至2020年，就业弹性已达0.426。新疆兵团与地方相比，兵团“十五”“十一五”“十二五”时期就业弹性明显低于地方，但最近五年兵团的就业弹性达到0.426，已经高于地方的0.301。从最近一期分产业来看，地方第一产业的就业弹性已经转向负值，这与地方耕地面积较少，土地承载力相对有限有关，同时表明近年来地方各级政府促进农村劳动力转移就业的政策取得了较大成效。兵团第一产业的就业弹性依然较高，这与兵团土地资源相对丰富，且近年来为了集聚人口，提高土地的人口承载力，加大了设施农业等劳动力密集型农业的投资有关。兵团第二产业和第三产业的就业弹性明显低于地方，因而大力发展劳动密集型第二产业和第三产业应该是提升兵团吸纳少数民族劳动力能力的有效途径。

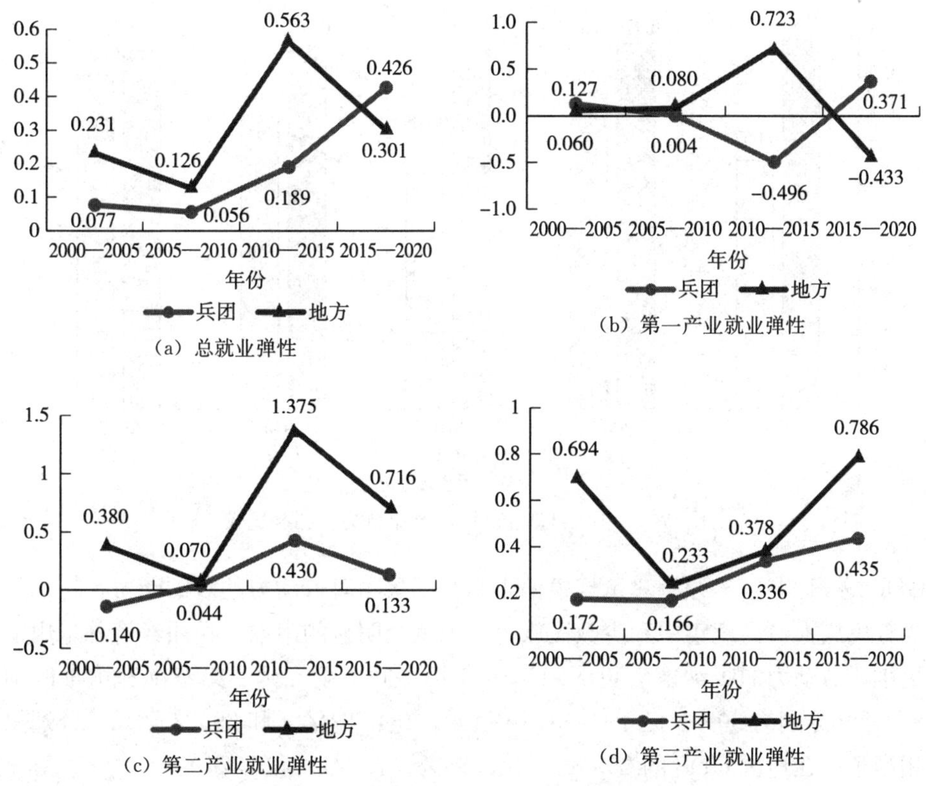

图 9－4　兵团与地方就业弹性比较

9.4.4　就业-产业结构协调度的兵地比较

从就业-产业结构协调度来看，兵团历年就业-产业结构协调度达到了 0.96 以上，表明劳动力的产业分布基本合理。地方就业-产业结构协调度虽然稳步提升，从 2000 年的 0.667 提升至 2020 年 0.895，但与兵团相比依然较低，主要原因为地方第一产业就业比重明显高于第一产业产值（图 9－5）。

9.5　兵团吸纳少数民族劳动力的困境

9.5.1　经济规模偏小吸纳就业能力不强

就业水平首先与经济发展水平和经济总量有关。根据统计公报数据，2020 年新疆 GDP 为 13 797.58 亿元，其中兵团 GDP 为 2 905.14 亿元，仅占全疆

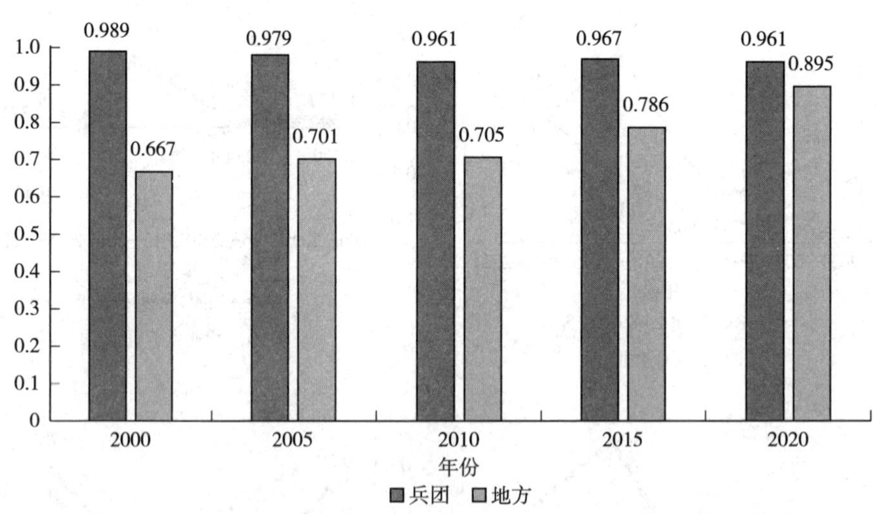

图 9-5　兵团与地方就业-产业结构协调度比较

GDP 的 21.06%。经济总量规模偏小制约了兵团对劳动力的吸纳能力，特别是少数民族人口高度集中和少数民族劳动力剩余明显的南疆，兵团经济总量规模更小，劳动力的吸纳能力更弱。2019 年第一师、第二师、第三师和第十四师的 GDP 分别为 309.5 亿元、181.16 亿元、184.02 亿元和 29.23 亿元，分别只相当于所在地区 GDP 的 25.32%、15.85%、15.24%和 7.74%。

9.5.2　产业结构不优就业弹性较低

由于兵团成立之初是为了响应党中央屯垦戍边号召，因而长期以农业为主。以 2020 年数据为例，兵团三次产业结构为 23.19%：42.22%：41.47%，与地方三次产业结构 12.00%：32.30%：53.86%相比，第一产业比重高出 11.19 个百分点，而第三产业比重低了 12.39 个百分点。根据上述就业弹性的兵、地比较可知，兵团除第一产业的就业弹性高于地方外，第二产业与第三产业就业弹性明显低于地方。从动态变化来看，兵团产业结构的转型升级也相对缓慢，特别作为当前吸纳就业主力军的第三产业，发展更为滞后。统计数据也表明，自 2011 年至 2019 年，兵团 162 万迁入人口中，有 46.92%留在团场，因而近年来兵团吸纳的地方少数民族劳动力基本集中于第一产业，从事农林牧渔业生产，由此更加加剧了少数民族就业结构的失衡（图 9-6）。

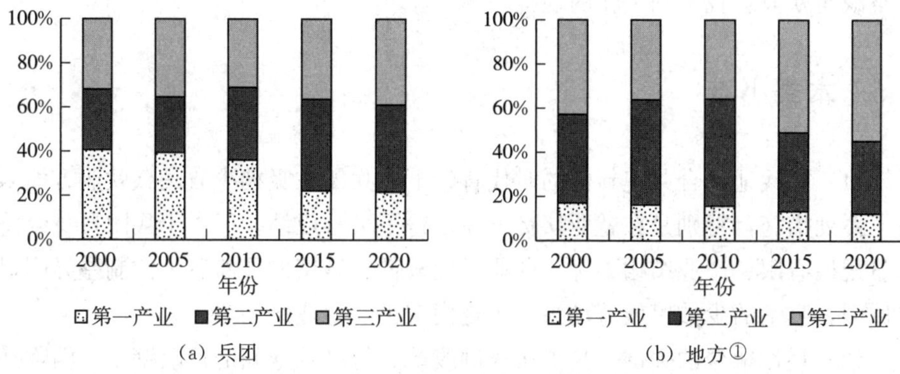

图9-6　兵团与地方产业结构比较

9.5.3　城镇发展落后就业结构转型困难

通过近几年的快速发展，兵团已经初步形成“师市合一”城市—“团镇合一”中心镇—一般团场城镇—中心连队社区的城镇体系。但各个师市、建制镇、农牧团场总体人口与经济规模普遍偏小，产业集聚还未形成，对人口与劳动力的吸纳能力较弱。兵团现有的十一个“师市合一”县级市，都是近年来才开始建设，除成立最早的石河子市外，其他10个市的人口规模与经济规模非常小，成立较晚的昆玉市市区人口至今仅有1万余人。兵团现有56个建制镇中绝大多数为2020年或2021年刚刚成立，其人口规模与经济规模更小，其他120多个团场严格来说还称不上是城镇。城镇发展的滞后影响了就业吸纳能力，同时也影响了就业结构的转型。

9.5.4　兵地体制差异较大市场化服务滞后

兵、地之间的体制差异一方面限制了人口、劳动力等生产要素在兵地间的自由流动，新疆地方如和田、喀什存在大量少数民族剩余农村劳动力，而兵团城镇与产业发展则由于人口规模较小受到了限制。另一方面，由于兵团体制改革时间尚晚，市场主体地位不明，尚未发挥市场在劳动力资源配置中的决定性作用，依靠行政命令的管理模式短期内很难改变，就业帮扶政策的效果与可持续性很难保证。同时尚未形成完善的就业服务体系，对少数民族劳动者就业公共服务能力不足，特别是针对少数民族就业者的信息社会化服务不足，就业岗

① 新疆地方各产业数据根据全疆减去兵团计算。

位空缺与就业者找不到工作的现象并存。

9.6 本章小结

（1）在兵地融合共建新疆的时代背景下，兵团在吸纳少数民族就业方面采取了系列措施，特别是在就业扶贫方面取得了可喜成绩。但由于兵团自身经济总量规模有限、产业结构不优、就业弹性较低、城镇发展滞后、体制差异明显等原因，吸纳的少数民族劳动力总体规模偏小，就业结构单一。

（2）兵地融合的关键一是加快体制改革、打破兵地间的行政壁垒，消除兵地间劳动力等要素流动的制度性障碍，实现包括劳动力资源在内的资源共享和优势互补，创新新动能，创造新增量，实现兵地高质量融合发展。二是加快产业结构调整，特别是提升第二、三产业的就业弹性，在增强自身发展的前提下，提高对少数民族劳动力的吸纳能力。三是通过加快城镇化建设，通过发展城镇构建兵地互嵌式社区，或创造产品需求和服务需求，增加就业岗位，吸纳更多的少数民族劳动力。

第10章 新疆少数民族就业结构的影响因素：实证检验[①]

探寻少数民族就业结构相对落后的原因，促进少数民族就业结构的优化转型，是实现新疆社会稳定与长治久安的客观要求。本章利用调研数据，运用无序多分类Logistic模型与Oaxaca分解模型，对前述章节的理论分析进行实证检验，从族际职业差异视角分析了新疆少数民族就业结构相对落后的原因。

10.1 调研方案与问卷内容

10.1.1 调研方案

数据来源于课题组2018年12月至2019年9月间陆续完成的调查。调研地点包括乌鲁木齐市、伊犁哈萨克自治州、昌吉回族自治州、克孜勒苏柯尔克孜自治州、博尔塔拉蒙古自治州、巴音郭楞蒙古自治州和阿克苏地区、喀什地区、和田地区等9个地州，调研地点覆盖了新疆人数较多的维吾尔族、哈萨克族、柯尔克孜族、蒙古族和回族等几个主要少数民族人口聚居区。调查方式主要有座谈会、访谈和问卷调查等，85%的问卷来源于课题组成员填写，部分问卷来源于塔里木大学新疆籍本科生的问卷发放。调查对象为处于劳动年龄范围内（15～64岁）的劳动力。

10.1.2 问卷内容

问卷内容涉及5个主题，60个问题[②]。第一部分为受访者个人基本情况，

① 本章部分内容已发表：《新疆少数民族就业结构的失衡成因与优化路径》[《社会保障研究》，2020（12）]，部分内容来源于课题组成员的硕士论文《新疆少数民族就业结构影响因素与优化路径研究》。

② 前期调研问卷有2份，涉及6个主题和88个问题。后期将劳动力转移问卷进行了补充，单独对南疆四地州少数民族转移就业问题进行了调研。

包括性别、民族、年龄、户籍、学历、婚姻、健康状况与国家通用语言水平等。第二部分为家庭基本情况，包括人口与劳动力数量、家庭收入、父母受教育程度与父母职业等内容。第三部分为受访者就业状况，主要内容有职业类型、工资收入、工作时间、职业培训和就业保障等。第四部分为受访者就业观念，包括就业意愿、职业兴趣、工作满意程度等。第五个主题为就业政策理解，主要考察对就业政策的了解程度和满意程度，重点调查对少数民族就业优惠政策的了解程度与满意程度。

10.1.3 样本概况

问卷总计发放 2 000 余份，回收有效问卷 1 858 份，其中汉族 802 份，占比 43.16%，少数民族 1 056 份，占比 56.84%，其中维吾尔族 690 份，占全部样本的 37.14%，其他少数民族 366 份，比重为 19.70%。从地域分布来看，1 028 份来源于南疆五个地州，535 份来源于北疆四个地州市，295 份来源于兵团各师市和团场。

从职业类型来看，非农生产人员人数最多，总计 691 人，占比 37.19%，其次为农业生产人员，总计 489 人，占比 26.32%，接下来依次为办事人员、技术人员、服务人员、商业人员和单位负责人。受调查者中多数为初中或高中学历，两者占比 65.18%，大专以上文化程度的有 367 人，占比 19.75%，小学文化程度的有 280 人，占比 15.07%（图 10－1）。

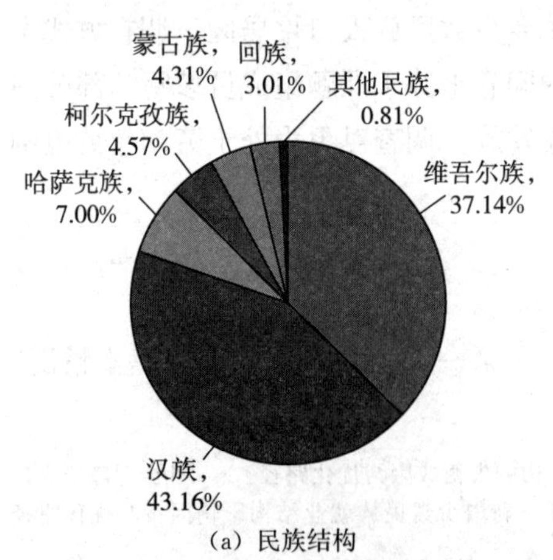

(a) 民族结构

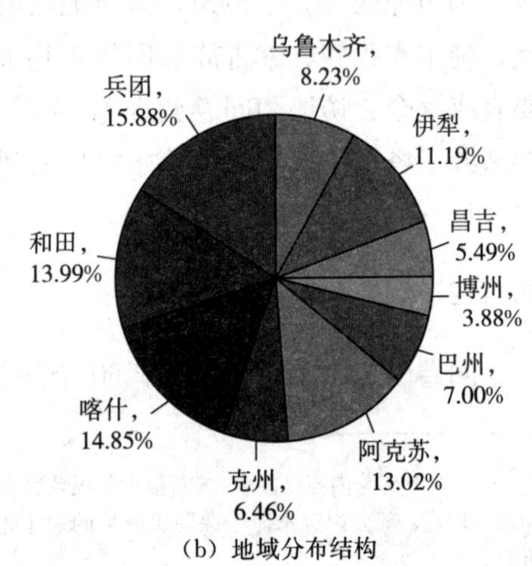

(b) 地域分布结构

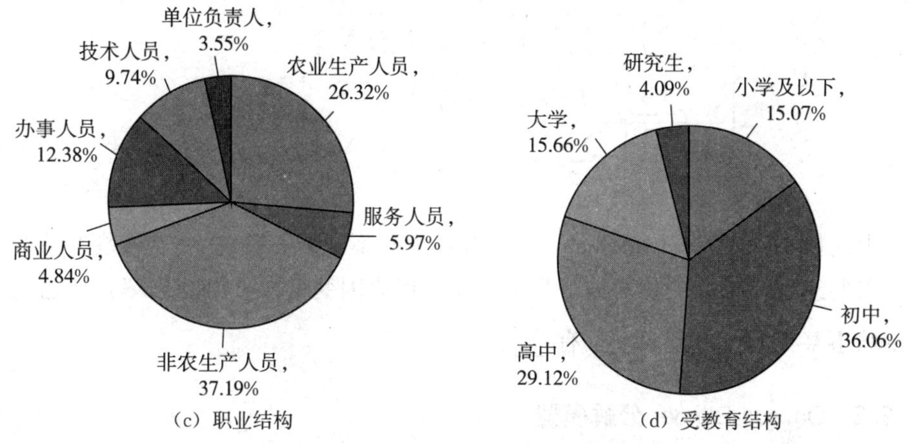

图 10-1　调查样本的结构特征

10.2　计量模型与研究方法

10.2.1　无序多分类 Logistic 模型

本文以职业作为研究对象，由于职业类型属于离散型限值变量，因而 Logistic 模型是首选模型。Logistic 回归的基本原理是研究因变量 Y 取某个值的概率 P 与自变量 X 的数量关系，按因变量取值个数分为二分类 Logistic 回归与多分类 Logistic 回归，按因变量是否可排序分为有序 Logistic 回归与无序 Logistic 回归。虽然本文按收入高低对职业做了一个简单排序，但为了重点考察少数民族劳动力的非农转移，选择了无序多分类 Logistic 模型，这也是多数学者在研究职业选择或职业获得问题时的通用方法。其基本原理是以农业生产人员作为参照组，然后把每个职业类型与农业生产人员进行比较，考察每个职业类型相对于农业生产人员的发生概率。

设模型中因变量为 Y，有 m 个取值，即 $Y=1$，2，…，m，自变量为 X，个数为 n，以 $Y=1$ 为参考组，则有：

$$\text{Logit } P_k = \begin{cases} \ln\left[\dfrac{P(Y=1)}{P(Y=1)}\right] = \ln 1 = 0 \quad k=1 \\ \ln\left[\dfrac{P(Y=k)}{P(Y=1)}\right] = \alpha_k + \sum_{j=1}^{n} \beta_{kj} X_j \quad k=2,\cdots,m \end{cases} \tag{10-1}$$

$$P_k = \begin{cases} \dfrac{1}{1+\sum_{k=2}^{m}\sum_{j=1}^{n} EXP(\alpha_k+\beta_{kj}X_j)} & k=1 \\ \dfrac{\sum_{j=1}^{n} EXP(\alpha_k+\beta_{kj}X_j)}{1+\sum_{k=2}^{m}\sum_{j=1}^{n} EXP(\alpha_k+\beta_{kj}X_j)} & k=2,\cdots,m \end{cases} \tag{10-2}$$

上述模型共有 $k-1$ 个方程，每个方程都有不同的参数（β_{kj}），这些参数都是与参照组相比较后的相对值。P（$Y=k$）代表因变量取 k 值的概率，在这里表示从事某类职业的概率，且有 $\sum_{k=1}^{m} P_k=1$。

10.2.2 Oaxaca-Blinder 分解模型

Oaxaca-Blinder 分解法可以将组群之间被解释变量的差距分解为由样本个体差异带来的差距、由回归系数差异引起的差距以及由组群属性差异引起的差距，同时可以计算出各因素对总差异的贡献率，本文选用该方法考察新疆族际间的职业差异。

Oaxaca-Blinder 分解法最早被用于研究工资差异（Oaxaca，1973），也可以拓展至其他差异（欧阳金琼等，2015），一般与 OLS 回归配套使用。这里采用 Logistic 回归，Logistic 方程的左边是两个概率之比取对数，即选择某个职业的概率与选择另一个职业的概率之比，也可理解为从农业（参照组）转向某非农职业的难易程度。两组方程分别为汉族样本和少数民族样本，如果汉族大于少数民族，则表示汉族从农业转向某职业的概率大于少数民族，因而方程左边相减后的结果具有经济学意义。而两组 Logistic 回归方程右边相减，即对应系数相减同样具有统计学意义。根据 Logistic 回归原理，假设两个方程中同一自变量 X 的系数分别为 β 与 β'，意味着与参照组即农业生产人员相比，自变量 X 导致某种职业出现的概率分别为 e^{β} 与 $e^{\beta'}$，两个概率之比 $e^{\beta}/e^{\beta'}$ 可表示为 $e^{\beta-\beta'}$，即可以用两个系数的差（$\beta-\beta'$）来表示，因而两个系数相减同样具有统计学意义，表示某个自变量导致两组同一职业出现的概率差异。由此可见，从数理上说 Oaxaca-Blinder 分解模型同样可以拓展至与 Logistic 回归配套使用。

其基本原理如下：

设 $Y_1=\text{logit}P_1$，$Y_0=\text{logit}P_0$，分别代表汉族与少数民族的某项职业相对农业生产人员的发生比，则两组回归方程为：

$$\begin{cases} Y_1 = \alpha_1 + \beta_1 X_1 + \varepsilon_1 & (10-3) \\ Y_0 = \alpha_0 + \beta_0 X_0 + \varepsilon_0 & (10-4) \end{cases}$$

α_0、α_1 与 β_0、β_1 分别为方程的截距项与回归系数；ε_0 与 ε_1 为误差项，由于 $E(\varepsilon_0)=E(\varepsilon_1)=0$，用方程（10－3）减方程（10－4），得到 Oaxaca-Blinder 分解式：

$$\overline{Y_1}-\overline{Y_0}=\beta_1(\overline{X_1}-\overline{X_0})+\overline{X_0}(\beta_1-\beta_0)+(\alpha_1-\alpha_0) \qquad (10-5)$$

如果用方程（10－4）减方程（10－3），得到的表达式与计算结果会存在一定差异，为避免这种情况，可采用改进后的 Oaxaca-Blinder 分解模型。

$$\overline{Y_1}-\overline{Y_0}=\beta^*(\overline{X_1}-\overline{X_0})+\overline{X_1}(\beta_1-\beta^*)+\overline{X_0}(\beta^*-\beta_0)+(\alpha_1-\alpha_0) \qquad (10-6)$$

其中 β^* 为所有样本的回归系数，其他变量的含义与式（10－3）、（10－4）相同。两组被解释变量的总差距就被分解为三个部分，第一部分为方程右边第一项$\beta^*(\overline{X_1}-\overline{X_0})$，反映两组之间因解释变量的差异而产生的差距，称为特征效应；第二部分为方程右边第二项与第三项之和，即$\overline{X_1}(\beta_1-\beta^*)+\overline{X_1}(\beta^*-\beta_0)$，反映因系数差异产生的差距，称为系数效应；第三部分为第四项$(\alpha_1-\alpha_0)$，称为截距项差异，反映由于两组的某些属性不同引起的直接差距。

10.2.3 变量选取

(1) 因变量：职业类型

2015 版的《中华人民共和国职业分类大典》将职业类型划分为八个大类。参照部分学者的做法以及调查数据特征，不考虑军人和不便分类的其他从业人员，并将第四类商业、服务业人员分开为商业人员与服务业人员两类（王舒厅，2017），因而职业类型共分为七个大类。为便于描述，对部分职业名称进行了简化（表 10－1）。

(2) 自变量

语言能力：对少数民族劳动力来说，国家通用语言能力是其最重要的人力资本，直接影响其就业能力和择业机会，并间接影响受教育机会，影响职业选择，因而国家通用语言水平差异往往是形成职业差异最根本的原因。根据少数民族实际情况，将国家通用语言水平分为五个层次。

受教育程度：受教育程度也是重要的人力资本，是影响就业至关重要的因素。一般来说，受教育程度越高，越易于获得收入较高的职业。按照国家标准（GB/T 4658—1984），受教育程度分为 36 个层次，但为了研究需要，这里简化为小学及以下、初中、高中，大学生（大专与本科）、研究生（硕士与博士）五个层次。

个体特征：除国家通用语言水平与受教育程度外，有研究表明性别、年龄、健康状况和职业培训等其他个体特征也会对就业产生重要影响，如性别对大学生择业有影响（赵晶晶等，2016），年龄会影响农民工择业等（刘玉成和徐辉，2018）。职业培训提高就业能力特别是提高农民工转移就业能力的作用也相当明显，因而选取性别、年龄、健康状况和职业培训四个变量作为控制变量。

家庭特征：家庭特征对职业选择的影响已基本形成共识，如家庭经济条件较差，人口众多的劳动者，很有可能偏好于选择条件艰苦、风险较大但报酬较高的职业（张建华等，2015）。父母职业、父母受教育程度也会对子女的职业选择产生较大影响（童梅等，2019），因此选取家庭人均收入、父母职业与父母受教育程度三个变量代表家庭特征。借鉴孔高文等人（2017）的做法，父母职业选择收入水平相对较高的一方为代表，受教育程度也选择较高的一方为代表。

地域差异：新疆地域广阔，各区域资源禀赋、经济发展水平、产业结构存在明显差异，特别是各民族人口的区域分布差异更加明显，因而地理区位是影响少数民族就业结构的重要因素。因而在模型中引入地区变量，并根据少数民族人口占当地总人口的比例进行赋值，即比例越高赋值越高。除此之外，新疆生产建设兵团与新疆地方存在较大的体制性差异，因而在模型中纳入兵地属性（兵团户口与地方户口）这一变量。

（3）变量的描述性统计

所有变量的描述性统计结果见表 10－1。汉族与少数民族样本职业类型的平均值分别为 3.529 与 2.726，两者存在明显差异，少数民族样本的国家通用语言水平也普遍较低，平均值仅为 3.057，两组差异较大的还有受教育程度、兵地属性、家庭人均收入等。且除年龄差异的显著性不是很明显外，两组样本中其他变量的均值差异均通过显著性检验，符合 Oaxaca 分解法对数据的一般要求。

表 10－1　变量的描述性统计

变量	变量含义及赋值	全部样本均值	汉族均值	少数民族均值	民汉差异	显著性检验
职业类型	农业生产人员＝1，服务人员＝2，非农生产人员＝3，商业人员＝4，办事人员＝5，技术人员＝6，单位负责人＝7	3.143	3.529	2.726	0.803***	4.256

（续）

变量	变量含义及赋值	全部样本均值	汉族均值	少数民族均值	民汉差异	显著性检验
语言水平	完全不懂=1，能听说，不熟练=2，能熟练听说=3，熟练听说且能认读=4，熟练听说读写=5	3.432	4.140	3.057	1.083***	7.863
受教育程度	小学及以下=1，初中=2，高中=3，大学=4，研究生=5	2.576	2.946	2.355	0.591***	2.987
年龄	实际年龄	38.96	39.23	38.76	0.470	1.521
性别	女=0，男=1	0.544	0.533	0.552	−0.019*	1.673
职业培训	近三年参加培训次数	1.889	2.090	1.711	0.379*	1.698
健康状况	非常不好（严重疾病）=0，不好=2，一般=3，较好=4，非常好=5	3.851	3.964	3.79	0.174*	1.721
人均收入	2018 年家庭人均收入	1.642	1.938	1.315	0.623*	1.856
父母职业	农业生产人员=1，服务人员=2，非农生产人员=3，商业人员=4，办事人员=5，技术人员=6，单位负责人=7	2.446	2.719	2.299	0.420**	1.987
父母受教育程度	小学及以下=1，初中=2，高中=3，大学=4，研究生=5	2.209	2.421	2.097	0.324*	1.875
兵地属性	地方户口=0，兵团户口=1	0.381	0.564	0.284	0.280***	3.245
地区变量	昌吉=1，乌鲁木齐=2，博州=3，巴州=4，伊犁=5，阿克苏=6，克州=7，喀什=8，和田=9	3.918	3.213	4.523	−1.310***	3.231

注：民汉两组数据的显著性检验为 t 检验，*、**、*** 分别表示在 10%、5%、1%的显著性水平下显著，对应的 t 值临界值分别为 1.646、1.961 和 2.578.

10.3 计量结果分析

10.3.1 无序多分类 Logistic 回归结果

根据 Oaxaca 分解思想，首先对样本进行分组回归，表 10-2 是运用软件 stata15.0 运算的回归结果。模型 1 至模型 3 分别代表全部样本、汉族样本与少数民族样本，因而总计包括 6 类职业 18 个回归方程，为了考察劳动力特别是少数民族由农业转向其他职业的概率及其影响因素，三个模型都以农业生产人员作为参照组。

检验 Logistic 模型拟合程度的常用指标为 Pseudo R^2，一般存在

McFadden's R^2、Maximum likelihood R^2、Cox & Snell R^2、Cragg & Uhler's R^2 与 Efron's R^2 等多种形式。stata 中运用 mlogic 命令得到的为 McFadden's R^2，也称“似然比指数”，通过比较仅包含有常数项的模型的似然比与含有所有解释变量的模型的似然比，来检验模型的拟合程度。即为：

$$R^2_{\mathrm{Mcf}}=1-\frac{\ln L(M_{\mathrm{Full}})}{\ln L(M_{\mathrm{Intercept}})} \tag{10-7}$$

似然比指数介于 0 至 1 之间，值越大，拟合程度越高。表 10－2 的结果显示，总的 Pseudo-R^2 为 0.681 3，表明总体拟合程度较优。

从回归系数来看，国家通用语言水平的回归结果基本符合预期，除汉族样本的服务人员不显著外，其他 17 个方程均很显著。少数民族国家通用语言水平的显著程度相对更高，表明国家通用语言水平越高，少数民族选择非农职业的概率越大。受教育程度的回归系数基本符合预期，都与职业类型显著正相关。表明受教育程度越高，从农业转向非农业或高收入职业的概率越大。

职业培训对职业类型也产生了重要影响，除汉族样本的商业人员外，与其他职业都显著正相关。对新疆少数民族来说，技能缺乏是转移就业困难的重要原因。如乌什县贫困户动态监控数据显示，2020 年边缘户中的 5 562 个劳动力，仅有 78 人为技能劳动力，比重仅为 1.4%。事实证明，新疆近年来加大了包括少数民族在内的各类劳动力的职业技能培训力度，不仅提高了少数民族的思想认识，而且促进了少数民族的非农转移。劳动力的健康状况对职业类型也产生了一定影响，特别是对服务人员与非农生产人员的影响更加显著。

家庭社会资本中的家庭人均收入、父母职业与父母受教育程度对职业类型的影响得到了验证。其中家庭人均收入的显著性最为明显，这是由于调查对象的收入本来就是家庭人均收入的组成部分，而调查对象中非农职业的工资又普遍高于农业生产人员工资。父母职业与父母受教育程度对不同职业的影响程度存在一定差异，且回归系数都为正数，表明父母职业越好，受教育程度越高，劳动力从事非农职业的概率越大。

兵地属性的回归系数显著且为正，由于参照组为地方，表明相对于地方户口来说，兵团劳动力的非农转移要相对容易。地理区位与各类职业显著负相关，由于参照组为少数民族人口比例最低的昌吉，表明少数民族人口越集中的地区，劳动力获得非农职业的概率越低。由于新疆经济发展存在较为严重的区域失衡，喀什、和田等部分少数民族人口集中地区经济发展水平相对滞后，导致这些区域少数民族劳动力的非农转移相对困难。

表 10-2　无序多分类 Logistic 回归结果

变量名称	服务人员			非农生产人员			商业人员		
	模型 1	模型 2	模型 3	模型 1	模型 2	模型 3	模型 1	模型 2	模型 3
语言能力	0.127 5*	0.129 2	0.138 3**	0.172 3*	0.171 9*	0.165 0**	0.215 8*	0.211 8*	0.212 0***
受教育程度	0.087 2*	0.088 5*	0.083 1*	0.172 7*	0.176 8*	0.166 3**	0.207 4*	0.211 2	0.205 9*
年龄	−0.012 3	−0.012 2*	−0.012 6	0.008 5*	0.008 2*	0.007 9*	0.006 6	0.007 2	0.007 0
性别	0.074 3	0.069 1	0.067 8	0.072 3	0.065 2	0.069 3*	0.074 3	0.080 2	0.076 2*
职业培训	0.021 6*	0.023 5*	0.021 8*	0.022 7*	0.024 3**	0.020 8*	0.016 5*	0.017 2**	0.014 7*
健康状况	0.057 5**	0.059 4**	0.055 3**	0.045 5*	0.049 0*	0.042 4**	0.073 2*	0.075 1*	0.072 5**
家庭人均收入	0.037 3**	0.037 8*	0.035 4***	0.039 8**	0.042 6**	0.033 7**	0.062 8**	0.066 5**	0.057 5**
父母职业	0.020 7*	0.021 9*	0.020 2**	0.006 9*	0.007 9*	0.005 2*	0.031 3*	0.032 7*	0.030 9**
父母受教育程度	0.026 3*	0.028 1*	0.025 6*	0.014 4*	0.015 0	0.013 2*	0.017 3*	0.019 2*	0.016 9*
兵地属性	0.120 7*	0.120 2*	0.107 6*	0.131 1**	0.126 5*	0.123 7*	0.094 6*	0.095 6*	0.071 1*
地区变量	−0.015 6*	−0.013 6*	−0.018 3**	−0.045 1**	−0.043 2*	−0.048 3**	−0.027 6*	−0.034 5*	−0.032 0**
截距项	0.434 3	0.452 7	0.440 0	0.143 4	0.154 3	0.115 6	0.243 6	0.256 2	0.233 3

（续）

变量名称	办事人员			技术人员			单位负责人		
	模型 1	模型 2	模型 3	模型 1	模型 2	模型 3	模型 1	模型 2	模型 3
语言能力	0.185 7**	0.185 3*	0.179 5*	0.064 4**	0.068 0*	0.064 8***	0.084 9**	0.091 5**	0.085 3***
受教育程度	0.326 1*	0.327 9*	0.325 8*	0.230 6*	0.233 2*	0.229 8*	0.311 7**	0.310 9**	0.313 2***
年龄	0.008 7	0.008 4	0.008 1	0.007 6	0.007 2	0.006 9	0.021 5**	0.021 4**	0.020 9**
性别	0.143 2	0.180 2	0.176 2*	0.172 2*	0.189 3*	0.170 4**	0.292 1**	0.290 3*	0.300 4***
职业培训	0.018 0*	0.019 2**	0.018 5*	0.013 9**	0.015 0**	0.013 9**	0.010 7*	0.011 7*	0.011 1**
健康状况	0.107 6*	0.106 1*	0.106 4*	0.010 7*	0.011 6*	0.008 9*	0.028 5**	0.033 5**	0.030 2*
家庭人均收入	0.032 4*	0.032 9**	0.032 1*	0.046 2*	0.040 3**	0.048 7*	0.017 3*	0.015 7*	0.019 3**
父母职业	0.041 0*	0.041 5**	0.040 5*	0.012 5*	0.012 7**	0.010 8*	0.043 4*	0.046 8*	0.050 2*
父母受教育程度	0.028 4*	0.029 3**	0.027 5*	0.005 3*	0.007 3**	0.004 4*	0.017 8*	0.018 4**	0.018 1*
兵地属性	0.036 3*	0.037 8*	0.034 7**	0.056 4*	0.058 5*	0.053 5*	0.044 7*	0.042 2*	0.045 8**
地区变量	−0.010 8*	−0.011 5*	−0.010 6**	−0.021 8**	−0.022 6**	−0.021 5**	−0.022 3**	−0.021 3**	−0.019 4**
截距项	0.976 2	1.002 6	0.973 9	0.258 7	0.266 3	0.242 1	1.191 3	1.208 7	1.192 9
Loglikelihood		−578.40			Pseudo R^2			0.681 3	
Chi-square（66）		135.68			Prob>chi2			0.000	

注：限于篇幅，省略了 Z 值。仅以 * 代表显著性程度，*、**、*** 分别代表在 10%、5%、1%水平下显著。

年龄只与部分职业有关，原因可能是将所有职业合并为 7 个大类的处理方法弱化了其对职业类别的影响。如年龄与单位负责人正相关，这与中国职务晋升制度有关，多数情况下只有达到一定年龄或工龄时，才有机会获得领导职位。年龄还与非农生产显著负相关，可能与非农生产这一职业需要一定体能有关。除服务人员外，性别与少数民族的其他职业都正相关，表明少数民族男性更易于获得农业生产和服务业以外的工作，但性别只与汉族的单位负责人和技术人员两类职业显著正相关，表明汉族男性劳动力获得技术性工作与管理工作的概率要高于汉族女性。

10.3.2 Oaxaca - Blinder 分解结果

多值无序 Logistic 回归只能判断哪些因素对就业结构产生了影响，或判断是什么原因导致了职业结构的族际差异，但无法准确测算各因素对族际职业结构差异的影响程度，即各因素对族际职业结构差异的贡献率，这一问题的解决可运用 Oaxaca-Blinder 分解模型。

根据多值无序 Logistic 回归的基本原理和 Oaxaca-Blinder 分解的需要，首先要计算出各职业的发生概率、相对概率与组间差异。发生概率即各职业样本数量占总样本数量的比例，相对概率是指各职业比重与农业生产人员比重之比。根据无序 Logistic 回归的原理，组间差异即族际差异，计算方法是某职业的汉族样本相对概率与少数民族样本相对概率分别取对数后再相减。

表 10-3 样本的职业分布与族际差异

单位：人，%

职业类型	总样本			汉族样本			少数民族样本			族际差异
	数量	比例	相对概率	数量	比例	相对概率	数量	比例	相对概率	
农业生产人员	489	26.32	—	90	11.22	—	399	37.78	—	—
服务人员	111	5.97	22.68	48	5.99	53.33	63	5.96	15.79	36.21
非农生产人员	691	37.19	141.3	384	47.88	426.67	307	29.07	76.94	60.79
商业人员	90	4.84	18.39	49	6.11	54.44	41	3.88	10.28	58.16
办事人员	230	12.38	47.04	123	15.34	136.67	107	10.09	26.82	56.19
技术人员	181	9.74	37.01	78	9.73	86.67	103	9.76	25.81	36.04
单位负责人	66	3.55	13.49	30	3.74	33.33	36	3.37	9.02	40.25
合计	1 858	100	—	802	100	—	1 056	100	—	—

根据回归结果与表 10－3 数据，运用 Oaxaca-Blinder 分解原理，民汉两组样本的职业差异被分解为特征效应、系数效应与截距项效应（表 10－4）。如服务人员的民汉差异为 0.362 1（表 10－3），特征效应总和为 0.295，占总差异的 82.36%。系数效应与截距项效应之和为 0.071，占总差异的 17.64%，其中系数效应为 0.058，占比 14.16%，截距项效应为 0.013，占比 3.48%。这一结果意味着对服务人员这一职业来说，族际差异的 82.36%可由解释变量的差异导致，14.16%可由解释变量的系数效应差异导致，只有 3.48%是由组群差异即民族差异导致。Oaxaca-Blinder 分解结果还可细化至每个变量对总差异的贡献率，如服务业中国家通用语言水平的特征效应为 0.138，对总差异的贡献率为 38.13%，表示汉族与少数民族之间国家通用语言水平差异能够解释服务人员这一职业差异的 38.13%。系数效应为－0.026，对总差异的贡献率为－7.17%，贡献率为负表明如果少数民族具有和汉族一样的国家通用语言水平，反而可缩小 1.17%的差距。

综合所有职业类型可得到如下几个结果：①各职业的特征效应总和介于 71.72%～90.62%，这是由解释变量差异即劳动力的个体差异导致，各职业的系数效应总和介于 5.45%～21.88%，这是由解释变量的效应差异导致。各职业的特征效应与系数效应两者之和介于 93.29%～96.52%，表明族际职业差异主要由解释变量即劳动力个体差异引致。②国家通用语言水平的总效应介于 23.14%～39.34%，受教育程度的总效应介于 17.96%～44.33%，两者之和介于 48.92%～73.69%，表明职业结构族际差异的 48.92%以上可由受教育程度与国家通用语言水平差异解释。这一结果充分验证了前述研究假说，即国家通用语言水平低与受教育程度低是少数民族就业结构相对落后的主要原因。③对族际职业差异贡献率较大的还有家庭人均收入、地区变量与兵地属性，且对不同职业的影响程度存在较大差异，它们的贡献率分别为介于 1.29%～9.15%、1.96%～13.10%和 1.98%～9.94%，表明这三个变量同样是影响族际职业差异的重要原因。④年龄、性别、健康状况、职业培训等个体特征以及父母职业、父母受教育程度等家庭因素也对职业类型产生了一定影响，除个别变量对个别职业的族际差异贡献率较高外，如年龄对单位负责人的贡献率达到了 4.84%，这些变量对族际职业差异的贡献率总体较低。其中年龄与性别贡献率低的原因是汉族与少数民族两组样本在这两个变量上差异较小，其他四个控制变量贡献率低的原因是其对职业选择的影响程度小（回归系数小）。⑤各职业的组群差异（截距效应）介于 3.48%～6.71%，这一结果表

表 10-4　Oaxaca 分解结果

变量名称	服务人员					非农生产人员				
	特征效应	百分比	系数效应	百分比	总效应	特征效应	百分比	系数效应	百分比	总效应
语言水平	0.138	38.134	−0.026	−7.174	30.960	0.187	30.691	0.021	3.414	34.106
受教育程度	0.052	14.232	0.013	3.724	17.957	0.102	16.794	0.027	4.477	21.271
年龄	−0.006	−0.951	0.016	2.558	1.607	0.004	0.657	0.011	1.890	2.547
性别	−0.001	−0.232	0.001	0.134	−0.098	−0.001	−0.226	−0.002	−0.350	−0.576
职业培训	0.008	2.263	0.004	1.000	3.263	0.009	1.414	0.007	1.088	2.502
健康状况	0.010	2.763	0.016	4.383	7.146	0.008	1.304	0.025	4.176	5.480
家庭人均收入	0.023	6.418	0.003	0.958	7.375	0.025	4.081	0.013	2.215	6.296
父母职业	0.009	2.401	0.004	1.219	3.620	0.003	0.478	0.007	1.078	1.556
父母受教育程度	0.009	2.353	0.006	1.609	3.962	0.005	0.768	0.004	0.638	1.406
兵地属性	0.034	9.333	0.002	0.602	9.935	0.037	6.040	−0.001	−0.130	5.910
地区变量	0.020	5.644	0.019	5.147	10.791	0.059	9.719	0.021	3.385	13.104
截距项			0.013	3.483	3.483			0.039	6.397	6.397
合计	0.295	82.358	0.071	17.642	100.00	0.437	71.722	0.172	28.278	100.00

（续）

变量名称	商业人员					办事人员				
	特征效应	百分比	系数效应	百分比	总效应	特征效应	百分比	系数效应	百分比	总效应
语言水平	0.234	40.182	−0.005	−0.842	39.339	0.201	35.797	0.017	3.080	38.876
受教育程度	0.123	21.076	0.015	2.560	23.635	0.193	34.301	0.006	1.061	35.363
年龄	0.003	0.510	0.008	1.322	1.832	0.004	0.673	0.011	1.890	2.562
性别	−0.001	−0.232	0.002	0.346	0.113	−0.003	−0.448	0.002	0.248	−0.199
职业培训	0.006	1.077	0.005	0.798	1.875	0.007	1.213	0.002	0.315	1.528
健康状况	0.013	2.190	0.010	1.774	3.964	0.019	3.332	−0.001	−0.185	3.147
家庭人均收入	0.039	6.722	0.014	2.430	9.153	0.020	3.592	0.001	0.247	3.838
父母职业	0.013	2.260	0.005	0.814	3.074	0.017	3.064	0.002	0.411	3.476
父母受教育程度	0.006	0.961	0.006	0.949	1.910	0.009	1.636	0.004	0.730	2.367
兵地属性	0.026	4.554	0.005	0.824	5.378	0.010	1.811	0.001	0.170	1.981
地区变量	0.036	6.217	−0.002	−0.390	5.827	0.014 1	2.518	−0.003	−0.561	1.957
截距项			0.026	3.903	3.903			0.029	5.108	5.108
合计	0.499	85.516	0.086	14.484	100.00	0.492	87.490	0.072	12.510	100.00

（续）

变量名称	技术人员					单位负责人				
	特征效应	百分比	系数效应	百分比	总效应	特征效应	百分比	系数效应	百分比	总效应
语言水平	0.070	19.352	0.014	3.783	23.135	0.092	22.845	0.026	6.514	29.359
受教育程度	0.136	37.822	0.009	2.619	40.441	0.184	45.768	−0.006	−1.442	44.327
年龄	0.004	0.588	0.011	1.882	2.469	0.010	1.662	0.019	3.180	4.843
性别	−0.003	−0.538	0.010	1.663	1.125	−0.006	−0.913	−0.006	−0.911	−1.824
职业培训	0.005	1.457	0.002	0.659	2.116	0.004	1.012	0.001	0.343	1.356
健康状况	0.002	0.517	0.010	2.867	3.384	0.005	1.231	0.013	3.335	4.566
家庭人均收入	0.029	7.991	−0.015	−4.086	3.905	0.011	2.684	−0.006	−1.391	1.292
父母职业	0.005	1.460	0.004	1.224	2.684	0.018	4.525	−0.006	−1.596	2.929
父母受教育程度	0.002	0.479	0.007	1.830	2.309	0.006	1.437	0.001	0.213	1.649
兵地属性	0.016	4.384	0.002	0.418	4.802	0.013	3.111	−0.001	−0.338	2.774
地区变量	0.029	7.914	−0.004	−0.998	6.917	0.031	7.598	−0.010	−2.461	4.797
截距项			0.024	6.713	6.713			0.017	3.933	3.933
合计	0.294	81.427	0.075	18.573	100.00	0.366	90.620	0.044	9.380	100.00

注：截距与系数效应的交叉项为截距效应，总效应是指特征效应、系数效应与截距效应之和。

明全部差距中只有很小一部分是由组群之间的属性差异即民族属性差异导致，表明民族身份并非族际职业差异的主要原因。

10.4 本章小结

（1）截距效应非常小的结果表明，新疆族际间就业结构的差异是由所选变量的差异导致，组群间的差异很小，即证明了民族属性差异并非族际职业差异的形成原因，同时证明了少数国外文献认为新疆劳动力市场存在民族歧视的论断是片面的和错误的。

（2）地区变量对就业的影响非常明显，经济发展水平越低、少数民族人口越集中的地区，就业结构的转型就越困难。这一结果验证了第 4 章结论，即由于人口分布的民族结构与地区结构高度重合，区域经济发展不均衡是导致族际就业结构差异的主要原因。

（3）由于新疆历史上的语言政策过多强调了少数民族语言保护，而对普及国家通用语言的重视力度不够，因而导致新疆少数民族国家通用语言水平普遍偏低以及受教育机会特别是接受高等教育的机会偏少，从而影响了其就业选择能力，这是新疆少数民族就业结构相对落后的重要原因。

第 11 章 新疆少数民族就业结构的优化路径与政策保障

根据新疆少数民族就业现状与演变规律，少数民族就业结构相对落后的表现形式、原因及其转型影响因素，从经济发展、能力提升、制度创新、政策保障等角度探索了新疆少数民族就业结构的优化路径。

11.1 少数民族就业与就业结构问题总结

11.1.1 少数民族就业结构的相对落后是客观存在的事实

尽管政府制订了系列促进少数民族就业的政策，少数民族的就业总量增长很快，农村剩余劳动力转移就业规模逐年递增，特别是南疆四地州农村少数民族剩余劳动力转移问题得到有效缓解，少数民族的绝对贫困问题基本解决。但少数民族就业结构的转型较为缓慢，少数民族劳动力集中于第一产业、乡村产业和低技能行业、职业的现象是客观存在的事实。由于影响少数民族就业结构的因素较为复杂，因而如何促进就业结构的转型，实现各民族劳动力在不同产业、行业和职业分布比例上的基本平衡，是一项长期的系统工程。

11.1.2 区域发展失衡与少数民族高度集中于欠发达地区是主要原因

影响少数民族就业与就业结构的原因很多，但根本原因是经济因素导致。由于新疆地域辽阔，各地区的资源禀赋差异很大，导致各地区经济发展水平存在非常明显的差距。南疆四地州等区域地理位置偏僻、生态环境脆弱、基础设施建设滞后，由此导致了社会经济文化等各方面的落后。少数民族人口与劳动力高度集中于南疆四地州等经济欠发达地区，导致地区差距直接转变为族际差距，就业结构的地区差异也直接转变为就业结构的族际差异，这是少数民族就业结构落后的主要原因。产业、城镇化、语言、教育、人口、就业观念等方面的民族差异也与地区发展差距直接相关。

11.1.3 产业结构转型与城镇化发展滞后对少数民族就业结构产生了重要影响

第一产业比重过大，第二产业吸纳劳动力能力不强，第三产业比重相对较小是新疆当前产业结构的主要特征。一方面新疆产业结构相对落后，产业转型升级相对缓慢，非农就业机会相对较少，影响了就业结构的转型。另一方面，网络经济与数字经济的发展提供了很多新的就业机会，但由于职业技能缺乏、文化程度较低、信息来源受限等因素限制，少数民族劳动力参与新就业形态的比例偏低。特别是少数民族人口高度集中的南疆四地州产业结构更为落后，仍有大量少数民族劳动力滞留于农业，影响了少数民族劳动力的非农转移。同样，新疆城镇化水平相对落后，城镇化进程较为缓慢，少数民族人口高度集中的南疆四地州城镇化水平更低，影响了少数民族劳动力的城乡转移，导致大量少数民族劳动力滞留于农村。产业结构转型与城镇化发展滞后的共同作用，导致少数民族劳动力的转移就业与就业结构转型更加困难。

11.1.4 语言能力与受教育水平低是少数民族就业结构转型的主要障碍

新疆少数民族教育得到了历届政府高度重视，政府长期实施少数民族教育优先发展战略，颁布了系列扶持与优惠政策，一定程度上提高了少数民族受教育水平。但由于新疆历史上的语言政策过多强调了少数民族语言保护，对国家通用语言普及力度不够，部分少数民族国家通用语言水平普遍偏低，并影响了受教育机会特别是接受高等教育的机会，限制了新疆少数民族教育水平的提高。受教育程度低以及国家通用语言水平较低的事实，影响了少数民族劳动力素质和就业选择能力，这是新疆少数民族就业结构相对落后的主要原因之一。

11.1.5 宽松的生育政策导致人口增长过快是制约少数民族就业结构转型的重要因素

新疆历史上针对少数民族实施了宽松优惠的生育政策，导致少数民族人口生育率普遍偏高。一是导致少数民族人口数量和劳动力数量增长过快，由此加剧了就业市场的竞争程度，影响了少数民族就业与就业结构的转型。二是城乡不同的生育政策又导致了农村特别是少数民族农村劳动力的增长速度高于城镇，少数民族人口与劳动力高度集中于农村，加剧了少数民族就业结构的城乡失衡。三是少数民族人口高度集中于经济落后地区，少数民族宽松的生育政策导致经济落后地区人口增长反而更快，经济落后地区的就业转型更加困难，从而更加加剧了少数民族就业结构的落后。

11.2　实现经济充分与均衡发展，增加就业总量优化就业结构

11.2.1　促进经济充分高质量发展，通过“稳增长”实现“保就业”

稳增长、保就业是我国当前重要的宏观调控目标与任务，充分就业是经济充分发展的一部分，同样也是供给侧改革与高质量发展的重要保证。尽管“唯GDP论”已不再是考核各级政府绩效的主要方式，但并不意味着经济增长的重要性可以被忽视，经济增长依然是促进就业的根本保证。扩大就业容量是优化就业结构和提高就业质量的前提，首先让有能力、愿意工作的劳动力有就业机会，在此基础上才能提高就业质量。近年来新疆在促进就业方面的实践与成就也表明，经济的持续稳定增长是促进就业与优化就业结构的根本保障，只有将充分就业作为新疆社会经济优先发展目标，将充分就业寓于新疆经济快速发展中，就业问题才能得到根本解决。针对新疆经济总量规模相对较小，少数民族人口集中地区经济发展相对落后的现状，加大基础设施投入、改善投资与营商环境，利用“对口援疆”机会、加大对外交流和招商引资力度，调整与优化产业结构，推动经济高质量发展是解决少数民族就业的根本途径。

11.2.2　优先发展劳动密集型产业，促进就业结构的非农转型

劳动力由第一产业向第二产业和第三产业转移是世界各国经济发展遵循的普适性规律，由于第一产业受边际生产力递减、附加值低等条件约束，单纯以农业为主富了一个国家，也富不了一个地方。新疆少数民族过度集中于第一产业是就业结构落后的主要表现。因此，从三大产业结构来看，“强化第一产业，优化第二产业，活跃第三产业”是新疆未来产业结构调整的主要目标。特别是发展少数民族人口高度集中地区的第二、三产业，实现少数民族劳动力由农业向非农产业逐步转移，是优化少数民族就业结构的必由之路。

第二产业内部结构的优化则要根据新疆资源禀赋的相对比较优势，大力发展劳动密集型产业。林毅夫（2017）的新结构经济学认为，发展中国家或地区的产业结构升级过程，必须与该地区比较优势及其变化一致。这一经验同样适

合于新疆，新疆经济结构处于相对落后状态，相对于全国其他省份来说，低成本的劳动力同样具有一定竞争力。因而优先发展劳动密集型纺织业、农产品加工业和制造业，并在市场分工过程中利用已有成熟技术等后发优势做大做强第二产业。为改变第二产业就业吸纳能力不强的局面，要注重大型企业与中小企业的结合，发挥大型公司和领军企业的引领作用，重视中小企业吸纳就业的主体功能。在重点发展劳动密集型产业的同时，鼓励发展新兴产业，以创业带动就业，重视新兴产业与传统产业的结合，建立多元化的产业结构，为未来产业向更高阶段转型创造条件。

11.2.3 实现区域协调发展，促进落后地区少数民族劳动力就业

“不平衡不充分发展”是我们党对当前阶段性特征做出的准确判断，新疆区域发展的不平衡也是客观存在的事实。解决新疆区域发展失衡问题，加快少数民族人口集中地区经济发展，促进落后地区产业结构转型升级、加快落后地区城镇化是优化少数民族就业结构的长期有效途径。实现区域协调发展的关键是促进南疆地区的经济发展。一是加强南疆区域交通、信息、通信等基础设施建设，特别是加强南疆四地州 36 个县及县级市的基础设施投入与建设，为经济发展创造良好条件。二是充分利用劳动力资源优势与优质农产品优势，承接东中部省份或北疆产业转型升级过程中转移的劳动密集型产业，如棉纺织业等农产品加工业。三是利用南疆民族文化等特色资源，着力发展民族经济。如手工艺品加工、餐饮服务业和特色文化旅游业等，加快南疆少数民族农村剩余劳动力向第三产业转移。

11.2.4 紧抓乡村振兴契机，促进少数民族就地就近就业

新时期乡村振兴战略，是党中央为补齐农业农村短板做出的重大战略决策，农业农村发展面临千载难逢的历史机遇。新疆农村发展缓慢，城乡差距过大，大量少数民族劳动力滞留于农村是客观存在的事实。因而顺应乡村振兴战略，振兴乡村产业，增强乡村经济创造就业的能力，促进劳动力就地就近就业，是优化少数民族就业结构的重要路径之一。一是加强农业与第二产业融合。以县域经济为主体，延长乡村产业链、提升农产品价值、培育发展新动能、增强乡村产业活力、扩大就业容量，并通过就业实现联农带农富农强农。二是加强农业与生产性服务业融合。鼓励与引导农民加入专业合作社，成立专业化社会服务组织，实现小农户与市场的有效衔接，同时创造大量就业机会。

三是加强农业与旅游业融合。充分利用民族特色文化，深入发掘地方特色旅游资源，开发民族特色产品，培育与发展民俗旅游、文化体验等区域特色产业，推动乡村资源多层次开发与多元化增值。四是加强农业与数字产业的融合。利用互联网优势，发展农村电子商务，弥补新疆地理位置劣势，实施数字乡村战略，扩大数字农业规模，鼓励部分知识型农民利用数字信息技术创新创业，以创业带动就业。

11.2.5　顺应数字经济发展趋势，培育与发展新就业形态

当前，网络经济与数字经济已经成为推动我国社会经济发展的重要引擎，并对传统产业的结构转换产生了深刻影响。2020 年数字经济发展报告显示[①]，我国数字经济总量已跃居世界第二，数字经济占 GDP 比重达 38.6%，新疆 2020 年数字经济占全疆 GDP 比重已达 26%[②]。顺应网络经济与数字经济发展趋势，外卖小哥、网约配送员、网约车司机、电商主播等新就业形态蓬勃发展。新就业形态具有灵活性、多样性、平台化、网络化等特征，不仅具有增加就业总量的直接效应，同时具有优化就业结构的间接效应，有着广阔的发展前景，是新疆未来解决少数民族就业的重要渠道。为促进少数民族积极参与新就业形态，一是需要贯彻落实《关于维护新就业形态劳动者劳动保障权益的指导意见》[③]，加强依法用工、医疗养老保险、劳动安全保障、合理收入与休息等监督与管理，切实维护新就业形态劳动者权益。二是需要培育网络经济与数字经济新模式新业态，夯实新就业形态的发展基础与平台，扩大新就业形态规模。三是需要加强少数民族新就业形态劳动者的技能培训，提升其参与适应新就业形态的能力。

11.3　提升劳动者人力资本，增强就业能力与择业能力

11.3.1　普及国家通用语言，提升少数民族社会事务参与能力

国家通用语言的形成与发展，本身就是多民族语言文化相互融合的结果。普及国家通用语言是国家宪法及相关法律规定的一项基本国策，是铸牢中华民

---

① 国家互联网信息办公室：http：//www.cac.gov.cn/2021-06/28/c_1626464503226700.htm.

② 中国政府网：http：//www.gov.cn/xinwen/2021-01/21/content_5581658.htm.

③ 2011 年 7 月 22 日，中央八部委（人力资源社会保障部、国家发展改革委、交通运输部、应急部、市场监管总局、国家医保局、最高人民法院、全国总工会）联合颁布。

族共同体意识和实现新疆社会稳定与长治久安的根本前提。新疆 2015 年颁布并实施了新的语言文字工作条例，2017 年颁布了《关于加强和改进中小学双语教育工作的意见》，明确规定少数民族从学前教育开始学习国家通用语言，其他课程的教学语言也逐步采用国家通用语言。实践表明，该项政策已经取得了良好效果，不仅提高了少数民族人力资本与择业能力，而且提升了少数民族参与其他社会事务管理的能力，有利于少数民族接受先进思想理念，共享现代文明成果。因而新的语言政策不仅要贯彻执行，且有必要长期执行并不断加强。

11.3.2 通过教育提升人力资本，增强少数民族就业择业能力

教育是“国之大计、党之大计”，尽管新疆政府长期坚持少数民族教育优先发展战略，并实施了系列教育优惠政策，但由于历史、地理、经济等多方面原因，新疆特别是南疆的少数民族受教育程度相对较低，导致少数民族从事低技能劳动力的比重偏高，技术人员与企业高层次管理人员比例偏低。高质量发展要求高质量劳动力，产业结构的升级要求就业结构的转型与之相适应，数字经济、信息经济的快速发展对劳动力质量也提出了更高要求。当前新疆政府在普及少数民族义务教育与基础教育方面已经取得了良好成绩，但少数民族接受高等教育的比例相对偏低，因而有必要在加大高等教育投资力度的基础上，扩大少数民族大学生和研究生招生比例，并向南疆少数民族地区倾斜，延续高考加分和增加研究生考试加分等政策优惠力度，提高少数民族大学与研究生升学率。

11.3.3 加强职业技能培训，提升少数民族市场适应能力

职业技能培训是预防失业、稳定就业、促进再就业的长期有效途径。2019 年，国务院颁布了《职业技能提升行动方案（2019—2021 年）》，明确指出，大力发展职业技能培训是我国未来保就业和缓解结构性就业矛盾的关键举措。新疆随后也颁布了相应的职业技能培训方案，并制订了未来几年内确保技能劳动力占全部就业人员 25%，其中技能劳动力中高技能劳动力占 30% 的目标任务。新增了部分技工院校的全日制技工教育招生资质，扩大了职业教育的招生规模。今后在加强职业技能培训中，一是要加强国家通用语言的培训，提高少数民族语言运用能力。二是重点针对少数民族农民、未升学中学生、下岗职工、贫困家庭，根据市场岗位需求开展针对性的培训。三是继

续加大南疆就业培训的扶持力度，重点提高南疆少数民族农村劳动力素质与就业能力。

11.3.4　转变思想观念，拓宽就业范围与就业渠道

自 2014 年始，自治区政府启动“访惠聚”工程，广大领导干部深入基层访民情，干实事，帮助少数民族发展地方经济、提高生活质量、改变思想观念。广大少数民族尝到了劳动致富的甜头，转移就业、主动创业的积极性不断提高，但就业观念的改变还需要长期推动。一是受自然条件和信息闭塞影响，部分少数民族尚未融入现代文明，就业观念落后，或乡土观念太浓，不愿意离开本土外出务工。二是部分少数民族劳动力长期以来受“三股势力”鼓吹以及受“来世天定”等消极厌世思想的影响，没有根除随遇而安、不思进取、等靠要等落后思想观念①。通过市场机制或者价格机制配置资源，是市场经济的本质特征，也是确保经济持续高效发展的前提条件，党的十八大与十九大报告都强调了市场在资源配置中的决定性作用。因而帮助这部分少数民族转变就业观念，鼓励与引导少数民族劳动力主动融入劳动力市场，参与就业竞争，不仅有利于少数民族劳动力在市场竞争中提升能力，增加收入，而且有利于加强民族交流交往与交融，增进民族团结。

11.4　改革创新各类制度，构建新时代和谐劳动关系

11.4.1　统筹计划生育政策，优化人口与劳动力结构

根据国家“优化人口结构，促进人口长期均衡发展”的最新人口调控目标，针对当前新疆少数民族人口增速快于汉族、维吾尔族人口增速快于其他少数民族、农村人口生育率高于城镇的人口结构特征，提出以下三点建议。一是贯彻落实各民族平等的生育政策。2017 年，新疆取消了民、汉差异的生育政策，标志着新疆历史上少数民族生育优惠政策已经完成了历史使命。但仍有部分少数民族农村存在超生现象，有必要进一步贯彻落实。二是取消城乡差异的生育政策。全国已经实施城乡统一的生育政策，但新疆现有计划生育条例仍然规定农村家庭可以多生一个，这一政策既加深了城乡人口结构失衡，影响了人口质量的全面提升，同时由于少数民族人口集中于农村，又造成了生育政策事

① 中国政府网：《新疆的劳动就业保障》白皮书。

实上的族际不平等。三是建议暂缓实施“三孩”政策，或实行有差别的“三孩”政策。新疆过快全面实施“三孩”政策，增长最快的很有可能还是农村人口与少数民族人口，违背了当前新疆提高人口素质，优化人口结构的目标。南疆人口结构的优化要求适当增加汉族人口比例，因而建议针对南疆部分家庭实施相对宽松的生育政策，比如针对南疆援建人才、高学历引进人才可优先启动“三孩”政策，以此促进南疆人口集聚。

11.4.2 完善就业保障制度，构建新时代和谐劳动关系

新疆少数民族就业结构相对落后与历史、地理、民族文化、就业观念等有关，同时也离不开各种制度与政策因素。因而对少数民族实施就业优惠政策，帮助少数民族实现充分就业，既是各民族共同发展共享发展成果的需要，也是公平正义的体现。一是建立劳动力与市场长效衔接机制。统筹劳动力市场的供需信息，打通城乡间市场、南北疆市场、疆内外市场、兵地间市场，确保劳动力的自由流动。二是建立就业与社会保障联动机制。前期脱贫攻坚的重点在“两不愁三保障”和家庭收入等社会保障，但在就业的社会保障方面重视不够。因而建立和完善就业登记与社会保险登记工作，构建规范化的社会就业保险制度非常必要。三是完善弱势群体就业帮扶制度，提高政策的精准度。虽然绝对贫困意义上的贫困家庭与贫困人口已经消除，但新疆农村脱贫不稳定户、边缘易致贫户与突发困难户数量依然众多。因而有必要在消除“零就业”家庭的基础上，拓宽困难群体的就业范围，提高困难群体的就业收入，巩固脱贫成果。同时制订专门针对少数民族农村女性的就业创业扶持政策，鼓励少数民族妇女积极参与劳动生产，改变少数民族女性劳动参与率相对较低的现状。

11.4.3 完善考试优惠制度，提高少数民族受教育机会

虽然目前多数省份正在逐步减少或退出少数民族高考加分等优惠政策，但新疆目前以及将来很长一段时间内的少数民族考生都是在以前的语言文字条例下接受的教育，国家通用语言能力依然很低，因此有必要继续贯彻落实少数民族各项高考优惠政策。一是加大高考优惠力度，降低少数民族升学门槛，扩大少数民族大学生培养规模。同时将现有考研优惠政策普及到所有民族考生，改变少数民族高层次技术人员与管理人员就业比例偏低的现状。二是继续特殊群体的专项优惠，如南疆专项和“对口援疆”专项等。由于近年

来全国各地减少高考加分是大趋势，因而在退出原有加分政策之前，需要适当增加南疆专项招生比例及专项优惠中的少数民族比例。待新的语言政策效应完全显现后，才逐渐取消少数民族高考优惠政策，最终实现各民族平等的高考制度。

11.4.4　创新城镇化发展模式，增强城镇吸纳劳动力能力

城镇化是现代化的必由之路，是最大的内需潜力所在，是经济发展的重要动力，同时也是实现就业结构转型的重要载体。一是放松农村人口城镇化的政策限制，降低农村劳动力在城镇落户的“门槛”，逐步实现进城农民工公共服务均等化，确保就业公平，为少数民族进城就业创造条件。二是加强城镇基础设施建设，增加清洁、绿化、社区保安、公共设施养护等公益性就业岗位需求，吸引少数民族农村剩余劳动力到城镇就业。三是发展城镇经济，重点发展劳动密集型产业和中小企业，通过发展产业吸纳人口与劳动力。南疆城镇化发展相对滞后是南疆少数民族就业结构落后的重要原因，因而需要重点关注南疆四地州的城镇化。南疆城镇不仅具有促进经济和改善民生的一般城镇功能，同时还具有维护稳定、促进民族团结的政治功能。

11.4.5　完善“兵地融合”制度，促进劳动力兵、地间自由流通

“兵地融合”是新疆发展大势所趋，也是兵团发挥特殊作用、履行维稳戍边使命的客观需要，构建兵、地统一的劳动力市场是“兵地融合”的重要内容。兵团劳动力相对短缺而地方劳动力相对丰富的现状，要求打破兵团与地方之间的体制性差异阻碍，鼓励少数民族劳动力在兵、地间的自由流动，重点是提升兵团吸纳少数民族劳动力的能力。完善劳动力市场的“兵地融合”，既是促进少数民族农村劳动力非农转移，消除劳动力市场族际就业结构差异的有效途径，同时也是加强族际交流交往与交融，实现新疆社会稳定与长治久安的根本保障。一是发挥兵团的经济优势与产业优势，通过发展壮大兵团产业，或与地方联合开发项目，吸纳部分少数民族劳动力。二是发挥兵团的人才优势与技术优势，参与少数民族职业技能培训，提升少数民族劳动力技能与素质。三是利用兵团城镇快速发展契机，吸收部分少数民族人口与劳动力，加快少数民族劳动力的城乡转移。四是发挥兵团的组织优势与动员优势，将部分地方少数民族人口直接划归兵团管理，实现该部分劳动力的充分就业。

11.5 增强政府调控能力，创造和谐共享的就业环境

11.5.1 发挥财政导向作用，激发企业招工用工动力

近年来新疆政府通过财政倾斜政策，鼓励企业招录少数民族员工，在促进少数民族就业特别是在解决少数民族贫困家庭就业，以及在解决南疆少数民族农村劳动力转移就业方面成绩卓著，因而这些措施仍有必要持续推进。一是通过税收优惠，对少数民族员工达到一定比例的企业给予一定税收减免，鼓励国有或私人企业聘用少数民族劳动力。二是通过贷款优惠，对符合条件的企业增加贷款额度，提高贷款贴息比例，同时对少数民族创业者给予贷款配额或一定年限内的贷款免息。三是通过社保优惠，对企业与员工实行双向社会保险补贴，鼓励企业在南疆建厂，鼓励少数民族在南疆就业。另外可对少数民族员工进行直补，比如培训补贴、创业补贴、基层就业补贴、南疆就业补贴等。

11.5.2 加强政府统筹规划，构建多民族“互嵌式”就业结构

响应自治区政府构建嵌入式社会结构和社会环境的号召，通过“空间互嵌”“社会互嵌”“文化互嵌”“经济互嵌”等多种形式，构建多民族“互嵌式”就业结构。一是通过构建“互嵌式”社区、“互嵌式”乡镇和“互嵌式”街道等，实现“空间互嵌”，为各民族相互交流与相互学习创造机会。二是通过建设“互嵌式”市场、“互嵌式”企业和“互嵌式”园区等，实现“经济”互嵌，通过各民族经济往来促进就业。三是继续发挥“访惠聚”工作队作用，实现“社会互嵌”“文化互嵌”“思想观念互嵌”等。各民族在“互嵌式”社会结构和社会环境中互相学习、互相提高，不仅有利于提高少数民族就业能力，改变少数民族就业观念，而且有利于民族团结和社会稳定。

11.5.3 构建信息化就业服务体系，提升就业创业服务水平

新疆虽然已经开通“新疆公共就业服务网”平台，并开展包括就业失业登记管理、求职与就业信息发布、创业担保贷款、农村劳动力转移就业服务等在内的九大项目，但发挥的作用暂时有限。截至 2021 年 9 月 12 日，虽然已有注册会员 4.2 万个，毕业生 69.0 万人，但发布招聘人数仅有 6 052 人。主要原因是建设与开通时间较短，政府、用人单位与劳动力尚未有效衔接，并且宣传

力度不够，很多劳动力特别是非大学生少数民族群体不知情。因此协调市场力量与政府作用，提升就业创业服务水平是促进少数民族就业的必然要求。一是健全和发挥已有就业信息化服务平台的作用，构建与完善创新创业信息化服务平台，提升政府与社会机构的就业创业服务水平。二是健全城乡均等的公共就业服务体系，加强基层就业和社会保障服务平台建设，提升县、乡镇一级的信息化就业服务。同时建立农村劳动力资源数据库，实施农村劳动力动态精准化管理，增强就业服务管理的针对性和时效性，拓宽少数民族农村劳动力转移就业空间。三是利用信息化创新创业服务平台，为少数民族返乡创业提供政策咨询、创业指导、资金融通等信息化服务。

参 考 文 献

蔡昉，2017. 读懂中国经济：大国拐点与转型路径［M］. 北京：中信出版社.

蔡文伯，2020. 新疆少数民族高等教育入学机会研究——社会分层与教育公平的视角［M］. 北京：中央民族大学出版社，12.

常进雄，赵海涛，2016. 所有制性质对农村户籍劳动力与城镇户籍劳动力工资差距的影响研究［J］. 经济学（季刊），15（02）：627-646.

陈楚天，2014. 青岛产业结构与就业结构协调发展研究［D］. 青岛：中国海洋大学.

陈萍，李平，2012. 劳动力市场的所有制分割与城乡收入差距［J］. 财经问题研究（05）：100-107.

陈钊，陆铭，金煜，2004. 中国人力资本和教育发展的区域差异：对于面板数据的估算［J］. 世界经济（12）：25-31，77.

程名望，刘金典，2019. 中国劳动力省际转移特征及其影响因素——基于博弈论视角［J］. 人口与经济（02）：28-43.

代谦，田相辉，2012. 中国所有制结构变迁中的劳动力流动：1978—2010 年［J］. 经济评论（06）：54-64.

单爽，2021. 中国劳动力市场分割状况研究——基于工资决定机制的视角［J］. 上海经济研究（05）：61-75.

德·斯旺，2008. 世界上的语言——全球的语言系统［M］. 乔修峰译. 广州：花城出版社：39-41.

邓光奇，韩金镕，蔡宏波，2020. 少数民族人口就业特征的变化——基于六次“中国家庭收入调查”（CHIPS）数据的分析［J］. 民族研究（02）：27-40，141-142.

杜海兴，2016. 越南产业结构与就业结构演变关系研究［D］. 大连：东北财经大学.

傅智文，2017. 少数民族就业权基本理论研究：概念、属性和内容［J］. 黑龙江民族丛刊（03）：25-32.

傅智文，2018. 少数民族就业权法治保护现状及其完善建议［J］. 贵州民族研究，39（07）：16-23.

高毅蓉，2014. 中国就业的产业结构的区域差异研究［D］. 北京：北京交通大学.

辜胜阻，高梅，李睿，2014. 就业是城镇化及社会稳定的基石——以新疆为视角［J］. 中央社会主义学院学报，（06）：82-86.

国务院发展研究中心课题组，2019. 高质量发展的目标要求和战略重点 [M]. 北京：中国发展出版社，11.

哈瑞·丹特，2014. 人口峭壁 [M]. 萧潇译. 北京：中信出版社.

韩晓娜，2013. 劳动力供求形势转折之下的就业结构与产业结构调整研究 [D]. 成都：西南财经大学.

胡娇，2008. 教育与就业 [D]. 长春：东北师范大学.

华明，2012. 基于卢卡斯模型的人力资本贡献率测算 [J]. 管理世界 (06)：175-176.

景光仪，2011. 我国经济转型期教育投资的就业效应 [D]. 成都：西南财经大学.

孔高文，刘莎莎，孔东民，2017. 我们为何离开故乡？家庭社会资本、性别、能力与毕业生就业选择 [J]. 经济学（季刊），16 (02)：621-648.

赖德胜，李长安，张琪，2019. 中国就业 70 年：1949—2019 [M]. 北京：中国人事出版社.

赖德胜，孟大虎，李长安，等，2019. 2018 中国劳动力市场发展报告——高质量发展进程中的劳动力市场平衡性 [M]. 北京：北京师范大学出版社，2.

李海峥，梁赟玲，Fraumeni B，等，2010. 中国人力资本测度与指数构建 [J]. 经济研究，45 (08)：42-54.

李克强，龙远蔚，刘小珉，2014. 中国少数民族地区经济社会住户调查：2013 [M]. 北京：社会科学文献出版社，10.

李黎明，廖丽，2019. 教育如何影响分配公平感？——基于人力资本理论与筛选理论的比较分析 [J]. 复旦教育论坛，17 (02)：78-84.

李茂峰，2015. 科技创新对北京市就业数量和就业结构的影响研究 [D]. 北京：北京交通大学.

李敏，刘采妮，白争辉，张春阳，2020. 平台经济发展与“保就业和稳就业”：基于就业弹性与劳动过程的分析 [J]. 中国人力资源开发，37 (07)：84-95.

李琼，2011. 经济结构调整与最低工资对就业结构的影响 [D]. 武汉：华中科技大学.

李适，2017. 新疆维吾尔自治区中小学双语教育发展研究（1955 年—2015 年）[D]. 西安：陕西师范大学.

李天成，孟繁邨，2020. 产业升级背景下农民工就业结构变化及影响因素研究 [J/OL]. 经济纬，(04)：1-14.

李勇，焦晶，马芬芬，2021. 行业垄断、资本错配与过度教育 [J]. 经济学动态 (06)：113-127.

李云，2017. 习近平就业优先战略思想述论 [J]. 求实，(11)：14-23.

李志明，邢梓琳，2019. 巩固民生之本：实现更高质量和更充分就业——学习习近平总书记关于就业的系列重要论述 [J]. 学术研究，(09)：1-6.

李志忠，游千金，2017. 南北疆维吾尔族国家通用语言使用情况对比研究 [J]. 语言文字应用，(04)：93 - 102.

厉声，马大正，等，2009. 中国新疆历史与现状 [M]. 乌鲁木齐：新疆人民出版社.

厉以宁，1982. 论教育在解决个人职业选择性就业问题中的作用 [J]. 北京大学学报，(6).

厉以宁，1984. 教育经济学 [M]. 北京：北京出版社，23.

林宝，2020. 人口负增长与劳动就业的关系 [J]. 人口研究，44 (03)：21 - 37.

林逸夫，2018. 解读中国经济 [M]. 北京：北京大学出版社，9.

林毅夫，2014. 新结构经济学：反思经济发展与政策的理论框架 [M]. 北京：北京大学出版社，9.

刘启生，2008. 马克思主义就业理论与社会主义就业实践 [D]. 天津：天津师范大学.

刘劭睿，李钏，樊佳琪，2021. 中国劳动力市场分割的时空演化研究 [J]. 人口学刊，43 (06)：14 - 27.

刘维奇，2016. 城乡非农就业结构、人口转移方式与城镇化水平 [D]. 北京：中国农业科学院.

刘玉成，徐辉，2018. 个体特征对农民就业选择的影响——基于 CFPS 数据的实证研究 [J]. 调研世界，(11)：41 - 45.

刘泽云，2009. 筛选理论的经验验证：方法与结论 [J]. 比较教育研究，31 (01)：27 - 32.

柳建平，刘卫兵，2018. 教育是如何帮助脱贫的？——基于劳动力职业选择作用的分析 [J]. 人口与经济，(01)：61 - 68.

卢云峰，2013. 马克思就业理论及其当代价值研究 [D]. 成都：电子科技大学.

陆江源，2018. 经济结构的要素配置效率研究 [D]. 北京：中国社会科学院研究生院.

陆蓉，何婧，崔晓蕾，2017. 资本市场错误定价与产业结构调整 [J]. 经济研究，52 (11)：104 - 118.

路正社，2017. 马克思主义职业选择理论与大学生就业问题研究 [D]. 西安：陕西师范大学.

吕星星，张学亮，2018. 习近平就业思想主要内容及时代价值略论 [J]. 南昌师范学院学报，39 (01)：1 - 6.

马草原，马文涛，李成，2017. 中国劳动力市场所有制分割的根源与表现 [J]. 管理世界，(11)：22 - 34，187.

马力，2016. 高等教育结构与就业结构、产业结构关联性研究 [D]. 北京：首都经济贸易大学.

马琴，2015. 我国民族地区就业结构优化研究 [D]. 北京：中央民族大学.

马戎，2010. 中国社会的另一类“二元结构” [J]. 北京大学学报（哲学社会科学版），47 (03)：93 - 103.

马戎，2013. 我国部分少数民族就业人口的职业结构变迁与跨地域流动——2010 年人口普查数据的初步分析［J］．中南民族大学学报（人文社会科学版），(06)：1－15.

马小强，2016．产业结构转型升级对就业结构及收入分配的影响研究［D］．上海：上海社会科学院．

马忠才，2016．族际教育分层及其影响因素：新疆维吾尔族与汉族的比较研究［J］．西北民族研究，(03)：39－48，152.

马忠才，赫剑梅，2014．族际职业地位分层及其决定因素——西部地区回族与汉族的比较研究［J］．中国人口科学，(02)：116－125，128.

孟石，2018．我国第三产业结构和就业结构关系及增长潜力研究［D］．长春：吉林大学．

莫荣，廖骏，2014．国外就业理论、实践和启示［M］．北京：中国劳动社会保障出版社．

慕慧娟，崔光莲，2015．新疆生产性服务业就业吸纳能力检验及预测［J］．人口与经济，4 (03)：98－105.

欧阳金琼，董鸿宁，刘凤林，2020．新疆少数民族就业结构的失衡成因与优化路径——基于族际职业差异视角［J］．社会保障研究，(06)：25－36.

欧阳金琼，蒋桂容，2017．劳动力有限供给条件下兵团农业发展方式的转型［M］．长春：东北师范大学出版社．

欧阳金琼，马林静，王雅鹏，2015．中国经济增速的省际差异与动态演变——基于31省市面板数据与Oaxaca-Blinder分解技术［J］．经济地理，35 (09)：8－15，23.

欧阳金琼，朱晓玲，2016．经济增长的结构分解与劳动力省际配置效率的测算——基于改进的经济增长率分解法［J］．统计与信息论坛，31 (08)：53－59.

戚聿东，刘翠花，丁述磊，2020．数字经济发展、就业结构优化与就业质量提升［J］．经济学动态，(11)：17－35.

秦放鸣，喻科，2015．新疆就业弹性实证研究［J］．新疆社会科学，4 (01)：37－41.

石建勋，2021．中国经济高质量发展十论［M］．北京：清华大学出版社．

宋全成，2002．欧洲的移民问题与欧洲一体化——以德国为例［J］．北京大学学报（哲学科学版），(1)：141－147.

苏荟，2016．要素稀缺和市场需求约束下边疆地区少数民族劳动力转移就业的影响因素研究——基于新疆南疆四地州11县的调查［J］．湖北民族学院学报（哲学社会科学版），34 (06)：42－47.

苏荟，孙毅，张继伟，2018．市场与政府：大学生就业地区选择机制的实证研究——以新疆南疆少数民族地区为例［J］．黑龙江高教研究，36 (12)：71－76.

孙昱淇，2013．我国产业结构与就业结构演变及关系实证研究［D］．长春：吉林大学．

唐东波，2012．垂直专业化贸易如何影响了中国的就业结构？［J］．经济研究，47 (08)：118－131.

唐东波，2021．中国的贸易开放、产业升级与就业结构研究［D］．上海：复旦大学．

田青，2012．教育对我国农村居民非农就业影响的地区差异研究［D］．天津：南开大学．

童梅，姚远，张顺．父母对子女的职业，何者更具影响力？——青少年职业期望的代际继承及其性别差异［J］．西安交通大学学报（社会科学版），2019－01－11．

吐尔地·卡尤木，买买提·喀尤甫，阿依古力·阿布力孜，2015．新疆少数民族大学生就业观念的调查与分析［J］．民族教育研究，26（04）：44－49．

王林辉，袁礼，2018．有偏型技术进步、产业结构变迁和中国要素收入分配格局［J］．经济研究，53（11）：115－131．

王庆丰，2010．中国产业结构与就业结构协调发展研究［D］．南京：南京航空航天大学．

王淑娟，王筎旭，李豫新，2015．劳动力流动对区域经济发展差距的影响研究——以新疆为例［J］．人口与经济，（01）：72－80．

王舒厅，2017．人力资本失灵与马太效应：教育对职业分层的两极分化［J］．华中科技大学学报，31（02）：88－95．

王婷，程豪，王科斌，2020．区域间劳动力流动、人口红利与全要素生产率增长——兼论新时代中国人口红利转型［J］．人口研究，44（02）：18－32．

王艳，2018．新疆产业结构与就业结构协调发展研究［D］．石河子：石河子大学．

王智波，李长洪，2016．好男人都结婚了吗？——探究我国男性工资婚姻溢价的形成机制［J］．经济学（季刊），15（03）：917－940．

王仲秋，2012．我国就业结构合理性的人口学分析［D］．成都：西南财经大学．

巫强，朱姝，安修伯，2016．中国劳动力流动存在省际边界壁垒吗？——基于暂住证数据的实证研究［J］．中国经济问题，（06）：3－13．

吴晓刚，宋曦，2014．劳动力市场中的民族分层：对新疆维吾尔自治区的实证研究［J］．开放时代，（04）：41－60，6．

夏四友，赵媛，许昕，刘笑杰，2020．中国就业结构与产业结构协调性的时空格局演化［J］．华东经济管理，34（05）：73－80．

向晶，2012．人口变迁对粮食消费的影响［D］．南京：南京农业大学．

许召元，李善同，2008．区域间劳动力迁移对经济增长和地区差距的影响［J］．数量经济技术经济研究，（02）：38－52．

燕晓飞，2008．非正规就业劳动力的教育培训研究［D］．武汉：华中师范大学．

杨建芳，龚六堂，张庆华，2006．人力资本形成及其对经济增长的影响——一个包含教育和健康投入的内生增长模型及其检验［J］．管理世界，（05）：10－18，34，171．

杨伟国，邱子童，郑祁，2020．高质量发展与高素质劳动力：国际实践与中国选择［M］．大连：东北财经大学出版社，12．

杨宜勇，郜凯英，黄燕东，温鹏莉，2013．中国少数民族就业问题研究［J］．经济研究参考，（72）：3－10．

姚先国，张海峰，2008．教育、人力资本与地区经济差异［J］．经济研究，（05）：47－57．

姚先国，周礼，来君，2005．技术进步、技能需求与就业结构——基于制造业微观数据的

技能偏态假说检验 [J]. 中国人口科学，(05)：47-53，95-96.
姚洋，崔静远，2015. 中国人力资本的测算研究 [J]. 中国人口科学，(01)：70-78，127.
俞伯阳，丛屹，2020. 京津冀协同发展视阈下产业结构与就业结构互动机制研究 [J]. 当代经济管理，42 (05)：59-65.
袁刚，2016. 城市就业结构的民族分层因由及困境破解——以乌鲁木齐市为例 [J]. 贵州民族研究，37 (02)：47-50.
原华荣，等，2019. 中国少数民族人口学特征地域性的理论与实证 [M]. 杭州：浙江大学出版社，8.
曾蕾，2013. 我国森林资源枯竭型城市产业结构和就业结构研究 [D]. 北京：北京林业大学.
张车伟，2006. 人力资本回报率变化与收入差距："马太效应"及其政策含义 [J]. 经济研究，(12)：59-70.
张车伟，王博雅，高文书，2017. 创新经济对就业的冲击与应对研究 [J]. 中国人口科学，(05)：2-11，126.
张成刚，廖毅，2017. 创业能带动就业发展吗？——一个文献综述的视角 [J]. 浙江工商大学学报，(04)：76-84.
张国强，温军，汤向俊，2011. 中国人力资本、人力资本结构与产业结构升级 [J]. 中国人口·资源与环境，21 (10)：138-146.
张建华，周凤秀，温湖炜，2015. 关系网络、外出就业支持和农村劳动力转移 [J]. 中国人口·资源与环境，25 (S1)：367-370.
张军利，2011. 过度教育理论视角下的大学生就业问题研究 [D]. 西安：西北大学.
张培刚发展经济学研究基金会，2021. 中国经济结构变迁与高质量发展：首届中国发展经济学学者论坛文集 [M]. 武汉：华中科技大学出版社.
张全生，张世渊，2019. 新疆南疆维吾尔族教师国家通用语言文字普及情况调查 [J]. 新疆社会科学，(01)：63-69.
张艳蓓，2013. 20 世纪 90 年代美国面向就业的职业教育改革研究 [D]. 长春：东北师范大学.
张瑀，2017. 新常态下中国经济结构性改革研究 [D]. 长春：吉林大学.
张召华，王昕，2019. 高铁建设对劳动力资源配置效果检验——来自产业—就业结构偏差的解释 [J]. 软科学，33 (04)：44-47，61.
赵晶晶，盛玉雪，蒋承，2016. 区域差距、就业选择与人力资本流动——基于高校毕业生的实证研究 [J]. 人口与发展，22 (01)：28-37.
赵清源，2014. 长三角地区产业结构与就业结构关系研究 [D]. 大连：东北财经大学.
郑长德，2015. 中国少数民族人口经济研究 [M]. 北京：中国经济出版社.
郑杭生，2011. 民族社会学概论（第 2 版）[M]. 北京：中国人民大学出版社.

周健，2020. 中国第三产业产业结构与就业结构的协调性及其滞后期研究［J］. 兰州学刊，(06)：95－109.

周敏丹，2021. 人力资本供给、工作技能需求与过度教育［J］. 世界经济，44 (07)：79－103.

朱琳，2017. 中国产业结构与就业结构关系研究［D］. 北京：中央财经大学 .

邹薇，代谦，2003. 技术模仿、人力资本积累与经济赶超［J］. 中国社会科学，(05)：26－38，205－206.

Acemoglu D，Restrepo P，2018. The Race between Man and Machine：Implications of Technology for Growth，Factor Shares，and Employment［J］. *American Economic Review*，108 (6)：1488－1542.

Arrow K J，1973. Higher Education as a Filter［J］. *Journal of Public Economics*，(2)：193－216.

Carlsson M，Fumarco L，Rooth D，2018. Ethnic discrimination in hiring，labour market tightness and the business cycle-evidence from field experiments［J］. *Applied economics*，50 (24)：2652－2663.

Chiswick B R，Rebhun U，Beider N，2020. Language Acquisition，Employment Status，and the Earnings of Jewish and Non-Jewish Immigrants in Israel［J］. *International Migration*，58 (2).

Church J，King I，1993. Bilingualism and network externalities［J］. *Canadian Journal of Economics*，26 (2)：337－345.

Cohen P N，2001. Race，Class，and labor markets：the white working class and racial composition of U. S.［J］. Metropolitan Areas［J］. *Social science research*，30 (1)：146－169.

Dahl M，Krog N，2018. Experimental evidence of discrimination in the labour market：intersections between ethnicity，gender，and socio-economic status［J］. *European Sociological Review*，34 (4)：402－417.

Dudal P，Bracke P，2019. On the moderation of the relation between overeducation and depressive symptoms through labor market and macro-economic factors［J］. *Health & Place*，56 (3)：135－146.

Duncan A，Mavisakalyan A，2015. Russian language skills and employment in the Former Soviet Union［J］. *Economics of Transition*，(10) 625－656.

Fields G S，1995. Educational Expansion and Labor Market［A］. Martin Carnoy. International Encyclopedia of Economics of Education fZl. Elsevier Science Ltd. 104.

Gina Conti-Ramsden，Kevin Durkin，Umar Toseeb，Nicola Botting，Andrew Pickles，2018. Education and employment outcomes of young adults with a history of developmental language disorder [J]. *International Journal of Language & Communication Disorders*, 53 (2).

Hannum E, Yu X, 1998. Ethnic stratification in northwest China: occupational differences between Han Chinese and national minorities in Xinjiang, 1982—1990 [J]. *Demography*, 35 (3): 323-333.

Hare D, 1999. "Push" versus "Pull" Factors in Migration Outflows and Returns: Determinants of Migration Status and Spell Duration among China's Rural Population [J]. *Journal of Development Studies*, 35 (3): 45-72.

Herda D, 2018. Reactive ethnicity and anticipated discrimination among American Muslims in southeastern Michigan [J]. *Journal of Muslim Minority Affairs*, 38 (3): 372-391.

Howell A, 2011. Labor Market segmentation in Urumqi, Xinjiang: Exposing labor market segments and testing the relationship between migration and segmentation [J]. *Growth and Change*, 42 (2): 200-226.

Howell A, Fan C, 2011. Migration and inequality in Xinjiang: a survey of Han and Uyghur migrants in Urumqi [J]. *Eurasian Geography and Economics*, 52 (1): 119-139.

Hungerford, 1987. Thomas and Solon, Gary. Sheepskin Effects in the Returns to Education [J]. *Review of Economics Studies*. Vol. 69, (1): 175-177.

Johnston D, Lordan G, 2015. In brief..., Prejudice in a time of recession [J]. *CentrePiece-the Magazine for Economic Performance*, 20 (2): 453-454.

Logan J R, Alba R D, 2002. Ghang W. lmmigrant Enclaves and Ethnnic Communities in New York and Los Angeles [J]. *American Sociology Review*, 67 (2): 299-322.

Michele Gazzola, Daniele Mazzacani, 2019. Foreign language skills and employment status of European natives: evidence from Germany, Italy and Spain [J]. *Empirica*, 46 (4).

Oaxaca R, 1973. Male-female wage differentials in urban labor markets [J]. *Research Association*, 14 (3): 693-709.

Santiago Budría, Alberto Colino, Carlos Martínez de Ibarreta, 2019. The impact of host language proficiency on employment outcomes among immigrants in Spain [J]. *Empirica*, 46 (4).

Spence M, 1973. "Joh market signaling" [J]. *Quarterly Journal of Economics*, 87 (3); 355-375.

Spence, M, 2002. "Signaling in retrospect and the informational structure of markets" [J]. *The American Economic Review*, 92 (3); 434-459.

Stiglitz J E. The price of Inequality: How today's Divided Society Endangers Our Future [M].

Tiboulet M, Dambrun M, Tourret I et al, 2012. Employment discrimination toward ethnic minorities: the role of prejudice, intergroup contact and acculturation orientations [J]. *European Review of Applied Psychology*, 62 (1): 37 - 45.

Von Lockette N, Spriggs W, 2016. Wage dynamics and racial and ethnic occupational segregation among less-educated men in Metropolitan labor markets [J]. *The Review of Black Political Economy*, 43 (1): 35 - 56.

Webber M, Hopper B, 2009. Migration, modernization, and ethnic estrangement: Uyghur migration to Urumqi, Xinjiang Uyghur Autonomous Region [J]. *Inner Asia*, 11 (2): 173 - 203.

Zhao Y, 1999. Labor Migration and Earnings Differences: The Case of Rural China [J]. *Economic Development and Cultural Change*, 47 (41): 767 - 782.

Zucchi J, 2007. A llistory of Ethinic Enclaves in Canada [M]. Ottawa: Canadian Historical Association Press.

后　记

本书写作于2019年至2022年。其间历经新中国成立70周年、中国共产党建党100周年、党的二十大胜利召开等多件大事，同时也是因新冠疫情肆虐全球导致就业问题得到政府空前重视的非常时期，此时开展新疆少数民族就业问题的课题研究，深感任务艰巨和责任重大。

当前国际政治经济形势非常复杂，新疆问题很容易成为境内外敌对势力用来歪曲历史、混淆是非、分裂与破坏祖国统一的工具。近年来西方一些智库也开始充当反华走狗，针对新疆少数民族的劳动与就业问题，凭空捏造谎言，抹黑污蔑我国政府，导致新疆少数民族就业问题突然成为一个政治敏感问题。

青山遮不住，毕竟东流去。任何造谣诬蔑都不能阻碍新疆社会经济发展和民族团结进步的脚步，也不能动摇政府促进各族群众实现最大程度体面劳动的决心。马克思主义认为，只要有民族存在，就会有民族差异和民族问题。党的十九大也明确指出，我国社会的主要矛盾是人民日益增长的美好生活需要和不平衡不充分发展之间的矛盾。由于历史、地理等多重原因，新疆少数民族就业结构的相对落后问题确实客观存在，是民族差异的正常表现形式之一，由于现阶段主要源于新疆区域经济发展的失衡，因此也是不充分不平衡发展的正常表现形式之一。只要政府坚定不移地持续推进区域协调发展战略、就业优先战略和少数民族就业扶持战略，这一问题迟早会得到有效解决。

事实上，包括就业问题在内的新疆系列问题长期得到了中央和新疆政府的高度重视，中央连续三次新疆工作座谈会的召开以及十九个“援疆”省份的援建成果就是最好的例子。近年来，在全国人民的支援和新疆各族人民的共同努力下，新疆社会经济稳定局面得到全面巩固，包括少数民族就业问题在内的系列问题在发展中逐步得到解决。各级政府在不断完善劳动就业保障法律体系、充分保障各族群众的劳动权、发展权等基本权利，同时尊重少数民族群众劳动就业意愿的基础上，实施了少数民族就业优先战略，积极帮助新疆少数民族群众劳动就业，少数民族群众劳动权益得到有效保障，就业环境不断改善，就业收入不断提高。今后的研究工作也可以集中于这些经验与成就的总结与推广，积极传播社会正能量，弘扬时代主旋律。

尽管我和课题组成员做出了很多努力，但本书的缺点也很突出。一是调研不够全面充分。新疆地域广大，加上课题所处研究阶段，正值新冠疫情暴发之时，影响了调研工作的开展。特别是针对北疆的调研不够充分，对北疆少数民族劳动力就业问题的研究不够深入，南北疆就业与就业结构的差异性分析也不够透彻。二是部分数据资料较为陈旧。人口普查资料中有关少数民族就业的数据最为详细，但新疆第七次人口普查的详细数据至今仍未公布，部分资料仍然来源于第六次及前几次的人口普查数据或人口抽样调查数据，这些数据过于陈旧，反映不了现阶段新疆少数民族就业结构的现状，也反映不了新疆政府近年来在促进少数民族就业方面取得的伟大成果，这些问题都有待后续进一步研究。

图书在版编目（CIP）数据

新疆少数民族就业结构的演变与优化研究 / 欧阳金琼等著．—北京：中国农业出版社，2023.8
ISBN 978-7-109-30688-2

Ⅰ．①新…　Ⅱ．①欧…　Ⅲ．①少数民族－就业结构－研究－新疆　Ⅳ．①D669.2

中国国家版本馆 CIP 数据核字（2023）第 091951 号

新疆少数民族就业结构的演变与优化研究
XINJIANG SHAOSHUMINZU JIUYE JIEGOU DE YANBIAN YU YOUHUA YANJIU

中国农业出版社出版
地址：北京市朝阳区麦子店街 18 号楼
邮编：100125
责任编辑：王秀田　　文字编辑：张楚翘
版式设计：杨　婧　　责任校对：张雯婷
印刷：北京中兴印刷有限公司
版次：2023 年 8 月第 1 版
印次：2023 年 8 月北京第 1 次印刷
发行：新华书店北京发行所
开本：700mm×1000mm　1/16
印张：11.75
字数：204 千字
定价：78.00 元
